Mémoniak®

CW01656703

ON FAIT QUOI pour TOUS LES DÎNERS de la semaine

Une année de BATCH COOKING

EN 2H !

ISBN 978-2-37761-347-2 – ET13472 – DÉPÔT LÉGAL AOÛT 2019

éditions 365

WWW.EDITIONS365.COM
MÉDIA DIFFUSION. MDS DISTRIBUTION – IMPRIMÉ EN CHINE EN MAI 2019

SOMMAIRE

ÉDITO

Dites au revoir aux préparations interminables des dîners en pleine semaine ! *On fait quoi pour tous les dîners de la semaine en 2 h !* vous facilite la tâche en vous proposant de cuisiner chaque week-end tous les repas du soir de la semaine à venir, avec des recettes **simples**, **variées** et **familiales**, ainsi que la liste des ingrédients pré-imprimée et détachable.

Pratique, **ludique** et **simple d'utilisation**, cet ouvrage se plie en quatre pour aider les parents débordés à préparer les repas rapidement !

Chaque dimanche, préparez en 2 heures tous les dîners de la semaine et profitez ainsi pleinement de vos soirées, que vous ne passerez plus derrière les fourneaux !

On fait quoi pour tous les dîners de la semaine en 2 h ! vous donne des idées de recettes originales, équilibrées et de saison, qui ne vous demanderont pas plus de 20 minutes de préparation chaque soir. Chaque recette propose une touche de créativité qui fera la différence et qui plaira aux petits comme aux grands !

MENUS
de la semaine

MA LISTE de courses

LÉGUMES

1,5 kg de pommes de terre
4 poireaux
3 carottes
3 endives
1 belle salade verte (ou mâche)
4 oignons
½ citron

VIANDES ET POISSONS

800 g de viande hachée (porc et/ou bœuf)
400 g de truite fraîche
6 belles tranches de truite fumée

CRÈMERIE

4 œufs
1 pâte feuilletée
150 g de fromage frais
80 g d'emmental
55 cl de crème fleurette
30 g de beurre demi-sel

CONDIMENTS, HERBES ET ÉPICES

4 belles tranches de pain complet
2 c. à s. de câpres
50 g de chapelure
50 g de farine
1 gros bouquet de persil
Cassonade
Cumin
Cannelle
Moutarde
Vinaigre balsamique
Huile d'olive
Sel, poivre

SEMAINE DU 30 DÉC. 2019 AU 3 JANV. 2020

JOURNÉE BATCH COOKING

1 h

2 h

Préparez les légumes :

- Lavez soigneusement 4 poireaux en éliminant bien toute trace de terre, puis séchez-les. Séparez le vert du blanc, coupez le tout en tronçons de 2 cm et entreposez-les au réfrigérateur dans des récipients hermétiques.
- Lavez et essorez 1 salade verte ; entreposez-la au réfrigérateur dans un récipient hermétique, accompagnée d'une feuille d'essuie-tout. Essuyez 3 endives et conservez-les au frais.
- Lavez, épluchez et coupez 1,5 kg de pommes de terre en gros morceaux. Lavez et épluchez 3 carottes. Lavez et hachez 1 gros bouquet de persil.
- Hachez grossièrement les 4 oignons et conservez-les dans un récipient hermétique (du type pot à confiture).

Préparez les vinaigrettes :

- Au citron : 1 c. à c. de moutarde, 2 c. à s. de jus de citron, 6 c. à s. d'huile d'olive, du sel et du poivre.
- Balsamique : 2 c. à s. de vinaigre balsamique, 4 c. à s. d'huile d'olive, du sel et du poivre.

Entreposez les vinaigrettes au réfrigérateur.

Préparez la soupe :

Faites revenir ⅓ des oignons dans une sauteuse avec un peu d'huile d'olive. Ajoutez le vert des poireaux, 1 blanc coupé en rondelles et l'équivalent de 2 belles pommes de terre, puis poivrez généreusement et salez. Couvrez d'eau et laissez frémir 45 mn, puis mixez. Au dernier moment, ajoutez ¼ du persil haché. Laissez refroidir complètement avant de mettre au frais.

Préparez la terrine aux deux truites :

Pendant que la soupe frémit, mixez ensemble 400 g de truite fraîche, 25 cl de crème fleurette, 3 œufs, ¼ du persil haché, 1 pincée de cannelle, le sel et le poivre. Versez la moitié de cette préparation au fond d'un moule à cake. Déposez 2 tranches de truite fumée en lanières sur la préparation en évitant de toucher les bords du moule. Ajoutez le reste de la préparation à la truite fraîche et recouvrez de papier d'aluminium. Enfournez au bain-marie pour 1 h à 180 °C, puis entreposez au frais.

Préparez le hachis de viande :

Faites revenir ⅓ des oignons dans un peu d'huile d'olive, avec 1 carotte râpée, puis ajoutez 800 g de viande hachée. Ajoutez ¼ du persil haché au dernier moment. Laissez refroidir complètement avant d'entreposer au réfrigérateur.

Préparez le caramel :

Dans une casserole, mélangez 2 c. à s. de cassonade avec un peu d'eau. Dès que le mélange colore, ajoutez 30 g de beurre demi-sel. Laissez refroidir et conservez au frais.

LUNDI 30

Soupe de poireaux & tartines de truite fumée

10 mn · 10 mn

Réchauffez la soupe. Placez 4 belles tranches de pain 10 mn au four (140 °C). Mélangez 150 g de fromage frais avec 2 c. à s. de câpres hachées, du sel, du poivre et le reste de persil. Tartinez le pain grillé de la moitié de ce mélange (le reste servira demain) et ajoutez sur chacune 1 tranche de truite fumée. À déguster avec la soupe.

MARDI 31

Terrine aux deux truites & pommes de terre vapeur

5 mn · 15 mn

Mettez 1,3 kg de pommes de terre dans le panier vapeur et laissez cuire environ 15 mn. Sortez la terrine aux deux truites du réfrigérateur pour l'amener à température. Servez avec la moitié des pommes de terre et ½ salade. Détendez la crème au fromage préparée la veille avec 10 cl de crème fleurette.

MERCREDI 1

Jour de l'An

Hachis parmentier

10 mn · 15 mn

Écrasez le reste de pommes de terre (650 g environ), salez, poivrez et ajoutez 20 cl de crème fleurette. Tapissez le fond d'un plat à gratin de 400 g de hachis de viande, ajoutez la moitié de la purée (conservez le reste pour plus tard) et saupoudrez de 40 g d'emmental râpé. Enfournez 15 mn à 220 °C.

JEUDI 2

Tatin de poireaux & salade verte

10 mn · 35 mn

Faites revenir le reste des oignons avec 1 c. à s. d'huile d'olive. Ajoutez 3 blancs de poireaux en rondelles, du sel, du poivre et faites fondre pendant 10 mn. Versez le caramel dans un moule, ajoutez les poireaux et recouvrez d'1 pâte feuilletée. Enfournez 25 mn à 180 °C. Servez avec ½ salade et la vinaigrette balsamique.

VENDREDI 3

Croquettes de restes

15 mn · 10 mn

Mélangez 325 g de purée, 400 g de hachis de viande, 2 carottes râpées et 1 pincée de cumin. Formez des boulettes. Trempez-les dans 50 g de farine, puis dans 1 œuf battu, puis dans 50 g de chapelure. Faites cuire dans 1 cm d'huile d'olive chaude. Servez avec une salade d'endives, la vinaigrette au citron et le reste de l'emmental en dés.

ET AUSSI

MA LISTE de courses

LÉGUMES

1 kg de pommes de terre
12 carottes
1 patate douce
4 oignons
1 orange
1 salade verte
50 g de noisettes grillées

VIANDES ET POISSONS

2 filets mignons de 400 g chacun
3 tranches épaisses de jambon

CRÈMERIE

100 g d'emmental râpé
50 g de parmesan râpé
10 cl de crème liquide
60 g de beurre

CONDIMENTS, HERBES ET ÉPICES

300 g de lentilles corail
250 g de tagliatelles
4 tranches de pain complet
1 boîte de tomates pelées au jus
1 cube de bouillon de légumes
1 gros bouquet de persil
Moutarde
Cumin
Vinaigre balsamique
Huile d'olive
Muscade
Sel, poivre

SEMAINE DU 6 AU 10 JANVIER 2020

JOURNÉE BATCH COOKING

50 mn
1 h 10

Préparez les légumes :
• Lavez et essorez 1 salade verte, sans couper les grandes feuilles. Entreposez dans un grand récipient hermétique avec une feuille d'essuie-tout pour absorber l'humidité.
• Coupez les 4 oignons en quartiers. Lavez et pelez 1 kg de pommes de terre. Lavez, pelez et coupez 10 carottes en rondelles. Lavez et pelez 1 patate douce. Lavez, triez et hachez grossièrement 1 gros bouquet de persil.

Préparez les filets mignons :
Dans un plat à gratin beurré, déposez 2 filets mignons (800 g). Tartinez de 2 c. à s. de moutarde. Salez, poivrez. Entourez des quartiers de 3 oignons, de 600 g de pommes de terre coupées et d'1 boîte de tomates pelées au jus. Arrosez de 2 c. à s. d'eau et enfournez pour 20 mn à 200 °C. Arrosez régulièrement avec le jus de cuisson.

Préparez la soupe :
Dans une cocotte, faites revenir 1 oignon avec 1 c. à s. d'huile d'olive, puis ajoutez 5 carottes, 50 g de lentilles corail, ½ patate douce, 1 cube de bouillon de légumes, 1 c. à c. de cumin et couvrez d'eau. Portez à ébullition et laissez cuire environ 20 mn. Mixez et laissez complètement refroidir avant de mettre au frais.

Préparez la purée :
Faites cuire à la vapeur 400 g de pommes de terre, 5 carottes et ½ patate douce jusqu'à ce qu'un couteau s'y enfonce facilement (15 mn environ). Mettez de côté 200 g de pommes de terre (à conserver au frais). Écrasez dans un saladier à l'aide d'un presse-purée, ajoutez 50 g de beurre, 1 pincée de muscade, puis salez et poivrez. Laissez refroidir et mettez au frais.

Préparez les lentilles :
Faites cuire 250 g de lentilles corail selon le temps indiqué (attention, elles ne doivent pas se défaire et rester *al dente*). Égouttez bien et laissez refroidir complètement avant de mettre au réfrigérateur.

Préparez les vinaigrettes :
• À l'orange : 2 c. à s. d'huile d'olive, 2 c. à c. de moutarde, le jus d'½ orange, sel, poivre.
• Balsamique : 2 c. à s. de vinaigre balsamique, 4 c. à s. d'huile d'olive, du sel et du poivre.

Entreposez les vinaigrettes dans des bocaux au réfrigérateur.

RECETTES POUR 4 PERSONNES

LUNDI
6

Filet mignon & pommes de terre

5 mn 15 mn

Prélevez l'un des 2 filets mignons + la moitié du jus de cuisson que vous gardez au frais. Réchauffez le reste au four, environ 15 mn à 150 °C. N'oubliez pas de couvrir afin d'éviter l'assèchement de la viande. Servez avec ⅓ de salade verte et la moitié de la vinaigrette balsamique.

MARDI
7

Salade de lentilles à l'orange

20 mn

Dans un saladier, mélangez 2 carottes râpées, ½ orange en dés, ⅓ de salade, 250 g de lentilles cuites, 200 g de pommes de terre cuites en petits dés et ⅓ du persil haché. Parsemez de 50 g de noisettes grillées et hachées. Ajoutez la vinaigrette à l'orange.

MERCREDI
8

Tagliatelles à la viande

5 mn 15 mn

Faites cuire 250 g de tagliatelles le temps indiqué sur l'emballage. Coupez en dés le filet mignon restant et faites-le réchauffer à la poêle avec sa sauce délayée dans un peu d'eau. Versez-y les pâtes cuites, ⅓ du persil haché et 50 g de parmesan râpé. Salez, poivrez et servez immédiatement.

JEUDI
9

Soupe orange & croûtons

5 mn 25 mn

Réchauffez la soupe 5 mn à feu doux. Coupez en cubes 4 tranches de pain complet. Arrosez d'1 c. à s. d'huile d'olive et enfournez pour 20 mn à 180 °C (les croûtons doivent être dorés). Servez aussitôt la soupe accompagnée de croûtons et de 10 cl de crème liquide.

VENDREDI
10

Gratin de purée au jambon

10 mn 25 mn

Coupez 3 tranches épaisses de jambon en dés. Mélangez avec la purée et ⅓ du persil haché. Mettez dans un plat à gratin et enfournez pour 20 mn. Parsemez de 100 g d'emmental râpé et remettez 5 mn. Servez avec le reste de la salade et de la vinaigrette balsamique.

ET AUSSI

9

MA LISTE de courses

LÉGUMES

1 potimarron
500 g de champignons de Paris
1 botte d'épinards (1 kg)
1 chou-fleur
150 g de pommes de terre
2 gousses d'ail
3 échalotes
1 salade
50 g de raisins de Corinthe

VIANDES ET POISSONS

4 filets de poulet

CRÈMERIE

120 g d'emmental râpé
1 paquet de ravioles de Romans
1 l de lait
4 œufs
100 g de crème fraîche

CONDIMENTS, HERBES ET ÉPICES

500 g de riz basmati
2 boîtes de 160 g de thon à l'huile
4 tranches de pain complet
50 g d'amandes effilées
1 boîte de triple concentré de tomates
2 cubes de bouillon de légumes
Paprika
Cumin
Curcuma
Piment
Moutarde
Vinaigre de cidre
Huile d'olive
Sel, poivre

SEMAINE DU 13 AU 17 JANVIER 2020

JOURNÉE BATCH COOKING

1 h
2 h

Préparez les légumes :
• Coupez 1 potimarron en quatre, ôtez les graines et réservez.
• Passez rapidement 500 g de champignons de Paris sous l'eau, coupez les pieds s'ils sont abîmés et séchez-les. Hachez grossièrement la moitié d'entre eux. Coupez l'autre moitié en morceaux.
• Lavez et essorez 1 salade, sans couper les grandes feuilles. Entreposez dans un grand récipient hermétique avec une feuille d'essuie-tout pour absorber l'humidité.
• Lavez et séchez 1 botte d'épinards. Ôtez les parties dures des feuilles et réservez au réfrigérateur.
• Hachez 2 gousses d'ail et réservez au frais.
• Épluchez et émincez 3 échalotes.
• Pelez et coupez 150 g de pommes de terre.
• Lavez et coupez 1 chou-fleur en fleurettes.

Placez 1 paquet de ravioles de Romans au congélateur.

Préparez la sauce du potimarron :
Dans une poêle, faites revenir les échalotes dans un peu d'huile d'olive. Ajoutez les champignons hachés, 1 boîte de triple concentré de tomates, 2 boîtes de 160 g de thon à l'huile émietté et 1 verre d'eau. Saupoudrez d'1 pincée de paprika, de cumin et de curcuma. Salez, poivrez et faites revenir 15 mn. En fin de cuisson, ajoutez 50 g de raisins de Corinthe.

Préparez la soupe :
Pendant la cuisson de la sauce au thon, mettez dans une casserole ½ potimarron et 150 g de pommes de terre en morceaux. Ajoutez 1 cube de bouillon de légumes, 1 l de lait, du sel et du poivre et laissez cuire 45 mn. Mixez pour obtenir un velouté et laissez refroidir complètement avant de placer au frais.

Préparez le poulet :
Dans 1 l d'eau frémissante et non bouillante, pochez 4 filets de poulet avec 1 cube de bouillon de légumes durant 15 mn. Égouttez et épongez soigneusement. Laissez refroidir avant de mettre au réfrigérateur.

Préparez le riz :
Faites cuire 500 g de riz basmati selon les indications du paquet. Laissez refroidir et réservez au frais.

Préparez les amandes :
Faites griller à sec 50 g d'amandes effilées. Laissez refroidir et conservez dans un pot à température ambiante.

Préparez la vinaigrette :
Fouettez 2 c. à c. de moutarde avec 2 c. à s. d'huile d'olive et 1 c. à s. de vinaigre de cidre. Salez, poivrez et conservez au frais dans un bocal.

Préparez les croûtons :
Coupez en cubes 4 tranches de pain. Arrosez d'1 c. à s. d'huile d'olive et enfournez 20 mn à 180 °C (les croûtons doivent être dorés). Laissez refroidir et conservez dans un bocal à température ambiante.

LUNDI
13

Potimarron au thon & salade

10 mn 30 mn

Placez ½ potimarron en dés dans un plat et recouvrez de la sauce au thon. Enfournez 20 mn à 180 °C. Ajoutez 60 g d'emmental râpé et replacez au four 10 mn. La lame d'un couteau doit s'enfoncer sans résistance dans le potimarron. Servez avec la moitié de la salade et de la vinaigrette.

MARDI
14

Poulet aux champignons & riz

5 mn 15 mn

Découpez 3 filets de poulet en lanières. Faites-les revenir 10 mn à la poêle dans 1 c. à s. d'huile d'olive avec 1 gousse d'ail hachée et les champignons en morceaux. Ajoutez 100 g de crème fraîche, du sel et du poivre. Parallèlement, réchauffez le riz à la casserole avec 1 c. à s. d'eau.

MERCREDI
15

Soupe de potimarron & ravioles grillées

5 mn 15 mn

Réchauffez la soupe de potimarron sans la faire bouillir, en remuant. Sortez les ravioles du congélateur et détachez les plaques en ravioles. Faites-les griller dans une poêle très chaude avec 1 c. à s. d'huile d'olive. Servez la soupe parsemée de ravioles et de croûtons.

JEUDI
16

Omelette aux épinards & salade

10 mn 15 mn

Dans une poêle, faites sauter les épinards jusqu'à évaporation de l'eau. Ajoutez 1 gousse d'ail hachée et laissez cuire 2 mn. Pendant ce temps, battez 4 œufs avec 60 g d'emmental râpé, du sel et du poivre. Versez sur les épinards, faites cuire 5 mn en remuant avec une fourchette. Servez avec le reste de la salade et de la vinaigrette.

VENDREDI
17

Chou-fleur rôti au poulet

10 mn 25 mn

Mélangez le chou-fleur avec 1 c. à s. d'huile d'olive, 1 c. à s. de paprika, 1 pincée de piment et enfournez 15 mn à 220 °C. Ajoutez 1 filet de poulet coupé en dés, mélangez et remettez au four 10 mn. Ajoutez les amandes grillées avant de servir.

ET AUSSI

MA LISTE de courses

LÉGUMES

2 kg de patates douces
2 salades romaines
4 panais
4 navets
4 carottes
1 petit chou frisé
2 oignons
6 gousses d'ail
50 g de raisins secs

VIANDES ET POISSONS

4 blancs de poulet
4 steaks hachés
4 merguez
150 g de lardons fumés

CRÈMERIE

185 g de parmesan râpé
60 g de parmesan entier
150 g de beurre
50 cl de crème fleurette

CONDIMENTS, HERBES ET ÉPICES

4 tranches de pain
1 boîte de tomates pelées au jus
1 boîte de pois chiches
250 g de couscous
125 g de farine
1 cube de bouillon de bœuf
Thym émietté
Paprika fumé
Cumin
Harissa
Moutarde
Vinaigre de cidre
Huile d'olive
Sel, poivre

SEMAINE DU 20 AU 24 JANVIER 2020

JOURNÉE BATCH COOKING

1 h 30
1 h 45

Préparez les légumes :

- Lavez et épluchez 2 kg de patates douces. Coupez-en la moitié en gros cubes et l'autre moitié en bâtonnets. Conservez ces frites dans un récipient hermétique au frais.
- Nettoyez 2 salades romaines, essorez-les soigneusement et entreposez-les au frais dans un récipient hermétique.
- Lavez, épluchez et coupez en gros morceaux 4 navets, 4 panais, 4 carottes et 1 petit chou frisé.

Préparez la soupe de patates douces :
Dans une sauteuse, faites revenir 2 oignons et 2 gousses d'ail hachés dans 25 g de beurre. Quand les oignons ont légèrement grillé, ajoutez 1 kg de cubes de patates douces et laissez blondir 5 mn. Versez 750 cl d'eau et 1 cube de bouillon de bœuf. Salez, poivrez. Laissez frémir 30 mn et mixez soigneusement.

Préparez le poulet :
Pendant que la soupe frémit, mélangez dans un bol 1 c. à s. de paprika fumé avec 1 pincée de thym émietté et 2 c. à s. d'huile d'olive. Retournez les 4 blancs de poulet dans cette préparation. Placez-les dans un plat à gratin et versez un petit verre d'eau. Couvrez d'une feuille d'aluminium et enfournez pour 20 mn à 180 °C, puis découvrez et faites dorer 5 mn. Laissez refroidir et entreposez au réfrigérateur.

Préparez le couscous minute :
Dans une sauteuse, écrasez 2 gousses d'ail dans 2 c. à s. d'huile d'olive. Laissez blondir doucement et ajoutez les navets, les panais, les carottes et le chou en morceaux. Versez 1 boîte de tomates pelées au jus, 40 cl d'eau, 2 c. à c. de cumin, 1 c. à c. de paprika fumé et 1 pincée d'harissa. Salez, poivrez et laissez frémir 15 mn. Ajoutez 1 boîte de pois chiches rincés et égouttés, puis poursuivez 10 mn. Quand les légumes sont fondants, laissez refroidir et réservez au frais.

Préparez la pâte à crumble :
Dans un saladier, travaillez rapidement 125 g de farine et 125 g de beurre très froid en lamelles. Ajoutez 125 g de parmesan râpé et pétrissez pour obtenir un sable grossier. Lorsque la pâte à crumble est prête, formez une boule, filmez-la et placez-la au frais.

Préparez la sauce César :
Dans 30 cl de crème fleurette, pressez 2 gousses d'ail. Ajoutez 2 c. à c. de moutarde, 2 c. à s. de vinaigre de cidre et 60 g de parmesan râpé. Salez, poivrez et fouettez pour obtenir une sauce onctueuse, en ajoutant un peu d'eau si besoin.

12

LUNDI 20

Salade César

10 mn · 10 mn

Sortez les blancs de poulet rôtis et détaillez-les en lanières. Faites dorer 4 tranches de pain coupées en cubes 10 mn au four à 240 °C. Taillez 60 g de parmesan entier en copeaux. Dans 4 assiettes, répartissez les salades romaines émincées, le poulet, les croûtons dorés, le parmesan et versez la moitié de la sauce César.

MARDI 21

Velouté de patates douces & lardons

5 mn · 10 mn

Dans une poêle, faites revenir à sec 150 g de lardons fumés jusqu'à ce qu'ils soient bien croustillants et réservez sur de l'essuie-tout. Réchauffez la soupe de patates douces à feu doux en remuant. Ajoutez au dernier moment 20 cl de crème fleurette et parsemez de lardons grillés.

MERCREDI 22

Frites de patates douces & steaks hachés

5 mn · 30 mn

Dans un saladier, placez 1 kg de frites de patates douces avec 1 c. à s. de paprika fumé, du sel, du poivre et mélangez avec 2 c. à s. d'huile d'olive. Enfournez pour 20 mn à 200 °C. Faites cuire 4 steaks hachés dans 1 c. à s. d'huile d'olive, 5 mn de chaque côté. Servez avec les frites et le reste de la sauce César.

JEUDI 23

Couscous minute

5 mn · 20 mn

Réchauffez la moitié des légumes et tout le bouillon à feu doux. Versez 200 g d'eau bouillante sur 250 g de couscous et ajoutez 50 g de raisins secs. Laissez gonfler 5 mn avant d'égrener à la fourchette avec 1 c. à s. d'huile d'olive. Faites cuire 4 merguez 10 mn à la poêle. Servez le couscous immédiatement.

VENDREDI 24

Crumble d'hiver

5 mn · 30 mn

Dans un plat allant au four, versez le reste des légumes sans bouillon. Recouvrez de la pâte à crumble grossièrement émiettée. Enfournez pour 30 mn à 180 °C. Faites dorer 2 mn sous le gril du four avant de servir.

ET AUSSI

MA LISTE de courses

LÉGUMES

700 g de pommes de terre
2 choux-fleurs
12 endives
1 salade batavia
1 gros oignon
6 noix

VIANDES ET POISSONS

4 tranches de jambon
150 g de lardons

CRÈMERIE

10 œufs
1 pâte feuilletée
120 g de comté râpé
60 g de roquefort
100 g de beurre
1 l de lait
200 g de crème fraîche

CONDIMENTS, HERBES ET ÉPICES

60 g de farine
2 c. à c. de sucre de canne
1 cube de bouillon de volaille
Muscade
Curry
Paprika
Moutarde
Vinaigre de vin
Huile d'olive
Sel, poivre

SEMAINE DU 27 AU 31 JANVIER 2020

JOURNÉE BATCH COOKING

50 mn
1 h 30

Préparez les légumes :
• Lavez et ôtez la base de 12 endives. Coupez-les en quartiers dans le sens de la longueur.
• Lavez 2 choux-fleurs et détaillez-les en fleurettes.
• Pelez et émincez 1 gros oignon.
• Lavez et pelez 700 g de pommes de terre et coupez-les en gros morceaux.
• Nettoyez 1 salade batavia, essorez-la soigneusement et entreposez-la dans un récipient hermétique avec une feuille d'essuie-tout.

Préparez les endives braisées :
Placez toutes les endives dans un panier vapeur et laissez cuire 20 mn. Les endives doivent être fondantes. Dans une grande poêle, faites chauffer 40 g de beurre, 2 c. à c. de sucre de canne et 1 pincée de sel. Ajoutez les endives. Faites dorer à feu vif de chaque côté jusqu'à ce qu'elles soient dorées, puis faites caraméliser 10 mn à feu doux. Laissez refroidir avant de réfrigérer.

Préparez les légumes pour gratin :
Dans une grande casserole d'eau froide, faites précuire 500 g de pommes de terre pour 5 mn à partir de l'ébullition. Ajoutez ⅔ des choux-fleurs en fleurettes et poursuivez 5 mn. Égouttez les légumes, laissez complètement refroidir, filmez et placez au réfrigérateur.

Préparez la béchamel :
Faites fondre 60 g de beurre dans une casserole. Quand celui-ci commence à mousser, versez 60 g de farine, faites cuire 5 mn en remuant et sans laisser brunir. Versez 90 cl de lait progressivement, sans cesser de mélanger, jusqu'à ce que la béchamel épaississe. En fin de cuisson, ajoutez du sel, du poivre et 1 pincée de muscade. Laissez refroidir complètement avant de mettre au frais.

Préparez la soupe de chou-fleur :
Dans une casserole, placez l'oignon émincé, ⅓ des choux-fleurs en fleurettes, 200 g de pommes de terre, 1 cube de bouillon de volaille, 1 pincée de curry et du sel. Couvrez d'eau et portez à ébullition pour 20 mn. Mixez soigneusement.
Dans une grande casserole d'eau bouillante, faites cuire 8 œufs durs pendant 10 mn. Laissez refroidir et écalez-les avant de les placer dans un récipient hermétique au frais.

Préparez la vinaigrette :
Mélangez 4 c. à s. d'huile d'olive, 1 c. à c. de moutarde, 1 c. à s. de vinaigre de vin, du sel et du poivre. Réservez dans un petit bocal au frais.

LUNDI
27

Endives au jambon

5 mn · 15 mn

Détaillez 4 tranches de jambon en lanières. Dans une poêle, réchauffez doucement 8 endives braisées en quartiers. Après 5 mn, ajoutez sur le dessus les 4 tranches de jambon. Couvrez et laissez chauffer 10 mn à feu très doux. Servez bien chaud.

MARDI
28

Soupe de chou-fleur au curry

5 mn · 10 mn

Réchauffez la soupe de chou-fleur dans une cocotte à feu très doux, sans cesser de remuer. Fouettez 200 g de crème fraîche avec 1 pincée de curry et du sel. Servez la soupe avec la crème au curry et saupoudrez d'1 pincée de paprika.

MERCREDI
29

Œufs à la béchamel

5 mn · 20 mn

Coupez les œufs durs en deux et répartissez-les dans un plat à gratin. Recouvrez de la moitié de la béchamel et enfournez pour 15 mn à 180 °C. Parsemez de 60 g de comté râpé et laissez gratiner 5 mn. Servez avec la moitié de la batavia et de la vinaigrette.

JEUDI
30

Quiche aux endives et au roquefort

10 mn · 35 mn

Étalez 1 pâte feuilletée dans un plat à tarte. Battez 2 œufs avec 10 cl de lait, du sel et du poivre. Répartissez 4 endives en quartiers sur la pâte. Versez l'appareil à quiche et émiettez 60 g de roquefort. Ajoutez 6 noix concassées et enfournez pour 35 mn à 230 °C. Servez avec le reste de la batavia et de la vinaigrette.

VENDREDI
31

Gratin de choux-fleurs et de pommes de terre

10 mn · 35 mn

À la poêle, faites revenir 150 g de lardons. Dans un plat à gratin, déposez les pommes de terre et les fleurettes de choux-fleurs précuites. Répartissez les lardons. Mélangez 60 g de comté râpé au reste de la béchamel. Versez sur les légumes et enfournez pour 30 mn à 180 °C.

ET AUSSI

MA LISTE de courses

LÉGUMES

1 courge butternut
200 g de pommes de terre
3 brocolis
3 carottes
2 navets
2 panais
250 g de champignons de Paris
5 oignons
2 échalotes
4 gousses d'ail
50 g de raisins de Corinthe

VIANDES ET POISSONS

600 g de bœuf haché
4 tranches de saumon fumé

CRÈMERIE

2 mozzarellas
50 g d'emmental râpé
50 g de bleu
30 cl de crème liquide
20 g de beurre

CONDIMENTS, HERBES ET ÉPICES

250 g de riz
9 feuilles de lasagnes
1 boîte de pois chiches
100 g de chapelure
1 cube de bouillon de légumes
1 cube de bouillon de volaille
½ bouquet de coriandre
20 cl de crème de coco
Gingembre râpé
Cumin
Cardamome

SEMAINE DU 3 AU 7 FÉVRIER 2020

JOURNÉE BATCH COOKING

1 h 30
1 h 50

Préparez les légumes :
- Lavez 3 brocolis et détaillez-les en fleurettes.
- Lavez, épluchez et coupez 200 g de pommes de terre, 3 carottes, 2 navets et 2 panais en gros morceaux.
- Coupez 1 courge butternut en quatre et ôtez les pépins.
- Hachez finement 5 oignons, 2 échalotes et 4 gousses d'ail, sans les mélanger.
- Lavez et coupez 250 g de champignons de Paris en morceaux.
- Lavez, triez et hachez ½ bouquet de coriandre et gardez au frais dans un pot.

Préparez les boulettes de bœuf :
Dans un grand saladier, mélangez 600 g de bœuf haché, 50 g de chapelure, l'équivalent d'1 oignon et de 2 gousses d'ail hachés. Salez, poivrez et réservez 200 g au frais. Façonnez à la main des boulettes d'environ 3 cm de diamètre. À la poêle, faites-les dorer sur toutes les faces avec 1 c. à s. d'huile d'olive chaude pendant 10 mn. Laissez refroidir avant de couvrir et de réfrigérer.

Préparez la courge butternut :
Disposez les quarts de courge butternut dans un plat à gratin et badigeonnez-la d'huile d'olive. Enfournez 15 mn à 180 °C. Laissez refroidir avant de couvrir et de réfrigérer.

Préparez le curry de légumes :
À la poêle, faites revenir l'équivalent de 2 oignons et de 2 gousses d'ail hachés avec 1 c. à s. d'huile d'olive. Ajoutez les pommes de terre, les carottes, les navets et les panais en morceaux. Faites dorer 10 mn à feu vif. Ajoutez 1 boîte de pois chiches rincés et égouttés, puis 1 c. à c. de gingembre râpé, 1 c. à c. de cumin, 1 pincée de cardamome, du sel et du poivre. Versez 50 cl de bouillon de légumes et couvrez pour 15 mn, jusqu'à ce que les légumes soient à peine cuits. Laissez refroidir hors du feu puis réservez au frais.

Préparez les lasagnes :
Dans une casserole, faites revenir les 2 échalotes hachées avec 1 c. à s. d'huile d'olive. Baissez le feu, ajoutez ⅔ des brocolis en fleurettes, un fond d'eau et couvrez pour 10 mn. Faites cuire 9 lasagnes dans une casserole d'eau bouillante selon les indications du paquet. Tranchez finement 2 mozzarellas. Dans un plat à gratin, alternez des feuilles de lasagnes, des tranches de mozzarella, une couche de brocolis, les lamelles de 4 tranches de saumon fumé, jusqu'à remplir le plat. Réservez au réfrigérateur.

Préparez la soupe de brocoli :
Dans une casserole, faites fondre le reste des oignons hachés dans 20 g de beurre. Ajoutez le dernier brocoli en fleurettes et 1 l de bouillon de volaille. Couvrez et laissez mijoter 30 mn. Mixez soigneusement, salez et poivrez. Laissez refroidir avant de réfrigérer.

RECETTES POUR 4 PERSONNES

LUNDI
3

Boulettes aux champignons & riz

10 mn · 25 mn

Faites cuire 250 g de riz selon les indications du paquet. Dans une poêle, faites revenir les champignons en morceaux avec 1 c. à s. d'huile d'olive. Ajoutez les boulettes de bœuf et faites revenir 10 mn à feu moyen. Versez 20 cl de crème liquide, du sel et du poivre. Servez avec le riz.

MARDI
4

Curry de légumes veggie

5 mn · 10 mn

Réservez ⅓ du curry de légumes et réchauffez le reste 10 mn à feu doux. Ajoutez 20 cl de crème de coco et 50 g de raisins de Corinthe. Ajoutez un peu d'eau si besoin. Au dernier moment, parsemez de la coriandre hachée.

MERCREDI
5

Lasagnes aux brocolis

5 mn · 20 mn

Sortez les lasagnes du réfrigérateur et laissez-les revenir à température ambiante. Enfournez pour 15 mn à 180 °C, puis parsemez de 50 g d'emmental râpé et laissez gratiner 5 mn. Servez immédiatement.

JEUDI
6

Courge butternut farcie

10 mn · 20 mn

Mélangez les 200 g de la préparation pour boulettes et le reste du curry de légumes. Farcissez les quarts de courge butternut précuites. Saupoudrez de 50 g de chapelure et enfournez pour 20 mn à 180 °C. Une pointe de couteau doit pouvoir s'y enfoncer facilement.

VENDREDI
7

Soupe de brocoli au bleu

5 mn · 15 mn

Dans une casserole, réchauffez la soupe de brocoli à feu doux. Après 10 mn, ajoutez 40 g de bleu en cubes et laissez fondre. Salez, poivrez et ajoutez 10 cl de crème liquide. Parsemez du bleu restant émietté au moment de servir.

ET AUSSI

17

MA LISTE de courses

LÉGUMES

2 céleris-raves
2 pommes de terre
3 betteraves cuites
1 salade frisée
2 échalotes
2 gousses d'ail
½ citron
8 noix

VIANDES ET POISSONS

8 grosses crevettes
150 g de lardons

CRÈMERIE

4 œufs
170 g de parmesan
120 g de bûche de chèvre
20 g de beurre
80 cl de crème fleurette

CONDIMENTS, HERBES ET ÉPICES

550 g de quinoa
250 g de lentilles corail
4 tranches de pain complet
2 boîtes de 150 g de thon
40 g de tahini (purée de sésame)
1 cube de bouillon de volaille
1 bouquet de persil
15 cl de vin blanc
Cumin
Vinaigre de vin
Moutarde
Huile d'olive
Sel, poivre

SEMAINE DU 10 AU 14 FÉVRIER 2020

JOURNÉE BATCH COOKING

1 h
1 h 25

Préparez les légumes :
- Lavez 2 céleris-raves, coupez le premier en gros cubes et le deuxième en petits dés.
- Lavez et coupez en morceaux 2 pommes de terre.
- Taillez en lanières 3 betteraves cuites et placez-en 2 au frais.
- Hachez finement 2 gousses d'ail et conservez dans un bocal hermétique.
- Épluchez et émincez 2 échalotes.
- Lavez et hachez 1 bouquet de persil et conservez au frais.
- Lavez et essorez 1 salade frisée, puis placez au frais avec une feuille d'essuie-tout.

Préparez la soupe de céleri-rave :
Dans une casserole, faites revenir 1 gousse d'ail hachée dans 1 c. à s. d'huile d'olive avec les gros cubes de céleri-rave et les pommes de terre. Laissez dorer 10 mn, puis couvrez d'eau. Ajoutez 1 cube de bouillon de volaille, poivrez et laissez frémir 20 mn jusqu'à ce que les légumes soient tendres. Mixez soigneusement. Laissez refroidir et placez au frais.

Préparez le quinoa et les œufs :
Dans une même casserole d'eau froide, déposez 4 œufs, portez à ébullition, puis versez 550 g de quinoa quand l'eau bout et cuisez selon les indications du paquet. Égouttez et laissez refroidir à température ambiante. Conservez le quinoa et les œufs durs non écalés dans des récipients séparés au frais.

Préparez les lentilles :
Faites cuire 250 g de lentilles corail selon le temps indiqué (attention, elles ne doivent pas se défaire et rester *al dente*). Égouttez et laissez refroidir complètement avant de réfrigérer.

Préparez le risotto de céleri-rave :
Faites blanchir le céleri-rave en petits dés pendant quelques secondes dans l'eau bouillante, puis égouttez. Dans une casserole, faites suer 2 échalotes émincées avec 20 g de beurre. Déglacez avec 15 cl de vin blanc. Ajoutez le céleri, 50 cl de crème fleurette, puis laissez cuire 10 mn en remuant. Laissez refroidir et réservez au frais.

Préparez les croûtons :
Coupez en cubes 4 tranches de pain complet. Arrosez d'1 c. à s. d'huile d'olive et enfournez pour 20 mn à 180 °C (les croûtons doivent être dorés). Laissez refroidir et conservez dans un bocal à température ambiante.

Préparez le houmous de betterave :
Dans le bol d'un mixeur, versez les lamelles d'1 betterave, 40 g de tahini (purée de sésame), le jus d'½ citron, 1 c. à c. de cumin en poudre, du sel et du poivre. Mixez soigneusement et conservez au frais.

Préparez la vinaigrette :
Mélangez 6 c. à s. d'huile d'olive, 2 c. à c. de moutarde, 2 c. à s. de vinaigre de vin, du sel et du poivre. Conservez au frais dans un bocal hermétique.

LUNDI 10

Soupe de céleri-rave & tuiles de parmesan

10 mn · 15 mn

Dans une casserole, réchauffez à feu très doux la soupe de céleri-rave. Sur une plaque de cuisson, répartissez 120 g de parmesan en 8 petits tas bien espacés. Faites fondre 5 mn au four à 180 °C, puis déposez sur un rouleau à pâtisserie pour refroidir. Quand les tuiles ont durci, servez avec la soupe avec 10 cl de crème fleurette.

MARDI 11

Salade d'hiver

5 mn

Répartissez dans 4 assiettes 350 g de quinoa cuit, les lentilles et le houmous de betterave, 120 g de bûche de chèvre en rondelles et 8 noix concassées. Arrosez de la moitié de la vinaigrette.

MERCREDI 12

Risotto de céleri-rave & crevettes sautées

10 mn · 10 mn

À la poêle, faites sauter 8 grosses crevettes décortiquées dans 1 c. à s. d'huile d'olive, environ 10 mn. Pendant ce temps, réchauffez très doucement le risotto de céleri-rave. Ajoutez la moitié du persil haché et le reste du parmesan râpé juste avant de servir avec les crevettes.

JEUDI 13

Betteraves sautées au thon & quinoa

5 mn · 15 mn

Dans une casserole, faites sauter à feu moyen les lanières de 2 betteraves et 1 gousse d'ail hachée dans 1 c. à s. d'huile d'olive pendant 10 mn. Ajoutez 20 cl de crème fleurette, le reste du persil haché et 2 boîtes de 150 g de thon égoutté et émietté. Servez avec 200 g de quinoa réchauffé.

VENDREDI 14

Salade frisée aux lardons

5 mn · 5 mn

À la poêle, faites griller 150 g de lardons. Écalez et coupez les œufs durs en deux. Servez 1 salade frisée émincée avec les lardons, les œufs et les croûtons. Arrosez du reste de la vinaigrette.

ET AUSSI

19

MA LISTE de courses

LÉGUMES

1,4 kg de choux de Bruxelles
500 g de topinambours
8 grosses endives
1 salade verte
4 oignons
3 carottes
1 pomme Granny Smith
1 citron
8 noix

VIANDES ET POISSONS

100 g de lard fumé
4 tranches de jambon
4 filets de haddock fumé

CRÈMERIE

3 œufs
1 pâte feuilletée
120 g de comté râpé
120 g de roquefort
30 g de beurre
40 cl de crème liquide
1,4 l de lait

CONDIMENTS, HERBES ET ÉPICES

30 g de farine
2 c. à s. de sauce soja
1 cube de bouillon de légumes
Muscade
Moutarde
Huile d'olive
Sel, poivre

SEMAINE DU 17 AU 21 FÉVRIER 2020

JOURNÉE BATCH COOKING

1 h
2 h

Préparez les légumes :
- Lavez et coupez en deux 1,4 kg de choux de Bruxelles.
- Essuyez 8 grosses endives et coupez le pied. Découpez-en 4 en lanières et arrosez d'un peu de jus d'1 citron pour éviter l'oxydation, avant de mettre au frais dans un récipient hermétique.
- Lavez et épluchez 500 g de topinambours et coupez-les en gros morceaux.
- Coupez 4 oignons en quartiers.
- Lavez, épluchez et coupez 3 carottes en gros cubes.
- Lavez et essorez 1 salade verte, puis conservez au frais avec une feuille d'essuie-tout.

Préparez les endives :
Faites cuire les 4 endives entières 20 mn à la vapeur. Laissez refroidir avant de réfrigérer dans un récipient hermétique.

Préparez les choux de Bruxelles au haddock :
Faites blanchir les demi-choux de Bruxelles 10 mn dans l'eau bouillante ; ils ne doivent pas être totalement cuits. Égouttez-les, prélevez-en 800 g et laissez refroidir le reste pour le placer au frais. Dans une cocotte, faites dorer 1 oignon en quartiers dans 1 c. à s. d'huile d'olive, puis ajoutez les 3 carottes en cubes, 100 g de lard fumé coupé en lanières, les choux et faites cuire 10 mn. Laissez refroidir avant de placer au frais. Dans un récipient, mettez 4 filets de haddock fumé à tremper dans 1 l de lait et réfrigérez pour la nuit.

Préparez la béchamel :
Dans une casserole avec 30 g de beurre moussant, versez 30 g de farine et mélangez pendant 5 mn sans laisser brunir. Versez 40 cl de lait petit à petit. Quand la béchamel est épaisse, ajoutez du sel, du poivre et 1 pincée de muscade. Laissez refroidir avant de mettre au frais.

Préparez la quiche aux choux de Bruxelles :
Fouettez 3 œufs avec 20 cl de crème liquide, 60 g de comté râpé, du sel et du poivre. Étalez 1 pâte feuilletée dans un plat à tarte et tapissez d'1 c. à s. de moutarde. Répartissez les 600 g de choux de Bruxelles restants (partie coupée vers le haut) et recouvrez de l'appareil à quiche. Enfournez pour 30 mn à 200 °C, puis laissez refroidir et placez au frais.

Préparez la soupe de topinambours :
Faites dorer 3 oignons en morceaux dans une cocotte avec 1 c. à s. d'huile d'olive et réservez la moitié (laissez-la refroidir avant de réfrigérer). Ajoutez les topinambours en morceaux et couvrez d'eau. Ajoutez 1 cube de bouillon de légumes et laissez frémir 20 mn avant de mixer. Laissez complètement refroidir et placez au frais.

Préparez la vinaigrette :
Émulsionnez 8 c. à s. d'huile d'olive, 2 c. à s. de sauce soja, 2 c. à s. de jus de citron, 2 c. à c. de moutarde, du sel et du poivre. Réservez dans un bocal au frais.

LUNDI **17**

Choux de Bruxelles au haddock fumé

10 mn 20 mn

Placez la fricassée de choux de Bruxelles dans un plat à gratin. Sortez le haddock du lait, égouttez-le et déposez-le sur les légumes. Ajoutez 10 cl de crème liquide, couvrez d'aluminium et réchauffez 20 mn à 150 °C.

MARDI **18**

Endives au jambon et à la béchamel

10 mn 25 mn

Coupez 4 tranches de jambon en deux dans le sens de la longueur et enroulez-les autour des 4 endives cuites coupées en deux dans la longueur. Disposez-les dans un plat à gratin, versez la béchamel et enfournez pour 20 mn à 180 °C. Parsemez de 60 g de comté râpé et faites dorer 5 mn sous le gril du four.

MERCREDI **19**

Quiche aux choux de Bruxelles & salade

5 mn 20 mn

Sortez la quiche, couvrez-la d'une feuille d'aluminium, réchauffez-la 15 mn au four à 150 °C. Découvrez, puis poursuivez 5 mn sous le gril du four. Servez avec la moitié de la salade verte et ⅓ de la vinaigrette. En principe, vous aurez des restes.

JEUDI **20**

Salade d'endives au bleu

10 mn

Coupez 120 g de roquefort et 1 pomme Granny Smith en petits dés. Répartissez-les sur les endives émincées avec 8 noix concassées, puis arrosez d'⅓ de la vinaigrette. Servez avec les restes de quiche de la veille, froids ou chauds.

VENDREDI **21**

Soupe de topinambours

5 mn 15 mn

Réchauffez doucement la soupe de topinambours en remuant. Ajoutez 10 cl de crème liquide en fin de cuisson. Dans une poêle, réchauffez les oignons dorés jusqu'à les rendre légèrement croustillants. Servez chaud avec le reste de la salade verte et de la vinaigrette.

ET AUSSI

MA LISTE de courses

LÉGUMES

1,6 kg d'oignons
1 kg de pommes de terre
600 g de carottes
1 chou-fleur
3 endives
1 salade verte
4 gousses d'ail

VIANDES ET POISSONS

1 rôti de porc

CRÈMERIE

3 œufs
1 pâte brisée
½ reblochon
80 g d'emmental râpé
105 g de beurre
40 cl de crème liquide épaisse

CONDIMENTS, HERBES ET ÉPICES

8 tranches épaisses de baguette rassie
1 cube de bouillon de volaille
1 c. à s. de farine
1 c. à s. de sauce soja
1 c. à s. de graines de cumin
2 c. à c. de cinq épices
Paprika
Curcuma
Curry
Miel
Moutarde
Vinaigre de vin
Huile d'olive
Sel, poivre

SEMAINE DU 24 AU 28 FÉVRIER 2020

JOURNÉE BATCH COOKING

1 h

3 h 15

Préparez les légumes :
- Pelez et coupez 1,6 kg d'oignons en rondelles.
- Lavez, épluchez et coupez en gros morceaux 1 kg de pommes de terre et 600 g de carottes.
- Ôtez les feuilles du chou-fleur, rincez-le et séchez-le, puis conservez-le entier au frais.
- Lavez et essuyez 3 endives et 1 salade verte.

Préparez le rôti de porc :
Placez 1 rôti de porc dans un plat allant au four. Dans un bol, mélangez 2 c. à s. de moutarde, 1 c. à s. de miel, 2 gousses d'ail pressées et 2 c. à c. de cinq épices. Badigeonnez le rôti de cette sauce, entourez de 800 g de pommes de terre. Versez 20 cl d'eau, couvrez et placez au four à 180 °C pour 1 h.

Préparez la soupe à l'oignon :
Dans une grande casserole avec 50 g de beurre moussant, faites caraméliser à feu doux 800 g d'oignons en rondelles. Ajoutez 1 c. à s. de farine, mélangez soigneusement et laissez cuire 5 mn. Versez 75 cl d'eau bouillante avec 1 cube de bouillon de volaille. Couvrez et laissez frémir 30 mn. Laissez refroidir et placez au frais dans un contenant hermétique.

Préparez la tarte aux oignons :
Faites revenir 800 g d'oignons dans 30 g de beurre moussant et laissez caraméliser doucement. Laissez refroidir et placez au réfrigérateur. Pendant ce temps, détaillez ½ reblochon en fines lamelles et conservez-les au frais dans un récipient hermétique.

Préparez le chou-fleur :
Dans un bol, mélangez 20 cl de crème liquide épaisse, 1 c. à s. de curry, 1 c. à s. de curcuma, 1 c. à s. de sauce soja, 2 gousses d'ail pressées, du sel et du poivre. Réservez au frais. Placez le chou-fleur entier dans un plat allant au four, badigeonnez-le de 2 c. à s. d'huile d'olive et recouvrez-le de papier cuisson. Enfournez pour 1 h à 180 °C. Laissez refroidir et placez au réfrigérateur.

Préparez la purée :
Dans une casserole, placez les 600 g de carottes et les 200 g de pommes de terre, couvrez d'eau et portez à ébullition pendant 20 mn. Égouttez et écrasez avec 25 g de beurre, 1 c. à c. de graines de cumin, du sel et du poivre. Laissez refroidir complètement avant de réfrigérer.

Préparez la vinaigrette :
Émulsionnez 6 c. à s. d'huile d'olive, 2 c. à s. de vinaigre de vin et 2 c. à c. de moutarde. Salez et poivrez. Réservez dans un bocal et conservez au frais.

LUNDI
24

Soupe à l'oignon gratinée

10 mn · 15 mn

Réchauffez la soupe à l'oignon. Coupez 8 tranches épaisses de baguette rassie et faites-les toaster au grille-pain. Répartissez la soupe dans 4 bols allant au four, disposez 2 tranches par-dessus chaque bol et recouvrez de 80 g d'emmental râpé. Faites gratiner 5 mn sous le gril du four et servez aussitôt.

MARDI
25

Rôti de porc & pommes de terre

5 mn · 30 mn

Sortez le rôti de porc aux pommes de terre du réfrigérateur et couvrez-le de papier cuisson. Enfournez pour 30 mn à 120 °C. Vérifiez la cuisson à l'aide d'un cure-dents : il doit pouvoir s'y enfoncer sans problème. Gardez quelques restes de rôti pour le jeudi.

MERCREDI
26

Tarte aux oignons et au reblochon

10 mn · 25 mn

Étalez 1 pâte brisée dans un plat à tarte. Déposez-y 800 g d'oignons caramélisés et les lamelles de reblochon. Battez 3 œufs avec 20 cl de crème liquide entière, 1 pincée de paprika, du sel et du poivre. Versez sur la tarte et enfournez pour 25 mn à 180 °C. Servez avec 3 endives émincées et la moitié de la vinaigrette.

JEUDI
27

Purée de carottes & rôti

5 mn · 10 mn

Faites doucement réchauffer la purée en ajoutant 10 g de beurre. Servez avec le reste de rôti froid ou chaud.

VENDREDI
28

Chou-fleur rôti entier

10 mn · 20 mn

Placez le chou-fleur entier dans un plat allant au four et badigeonnez-le de sa sauce aux épices. Enfournez pour 20 mn à 200 °C, jusqu'à ce que le chou-fleur soit bien doré. Arrosez régulièrement de sauce en cours de cuisson. Servez avec la salade verte émincée et le reste de la vinaigrette.

ET AUSSI

MA LISTE de courses

LÉGUMES

1,4 kg de navets
1 kg de blettes
1 gros céleri-rave
1 pomme Granny Smith
3 oignons
1 gousse d'ail
8 noix

VIANDES ET POISSONS

1 saucisse de Morteau
4 tranches de jambon fumé

CRÈMERIE

4 œufs
30 g de beurre
140 g d'emmental râpé
300 g de crème fraîche

CONDIMENTS, HERBES ET ÉPICES

250 g de coquillettes
1 boîte de chair de tomates
2 cubes de bouillon de légumes
½ bouquet de persil
1 c. à c. d'origan séché
Curry
Moutarde
Vinaigre de cidre
Huile d'olive
Sel, poivre

SEMAINE DU 2 AU 6 MARS 2020

JOURNÉE BATCH COOKING

50 mn

2 h 45

Préparez les légumes :

- Lavez, épluchez et coupez 1,4 kg de navets en gros morceaux.
- Lavez et essuyez 1 kg de blettes. Séparez soigneusement les côtes (la partie blanche) des feuilles (la partie verte). Coupez les côtes en tronçons et les feuilles en larges lanières.
- Lavez et épluchez 1 gros céleri-rave. Coupez-en la moitié en gros morceaux et râpez l'autre moitié.
- Épluchez et coupez 3 oignons en cubes.
- Épluchez et hachez 1 gousse d'ail.
- Lavez et hachez les feuilles d'½ bouquet de persil.
- Cassez 8 noix et conservez les cerneaux dans un bocal hermétique.

Préparez les navets braisés :
Faites blanchir 1 kg de navets en morceaux 5 mn dans l'eau bouillante. Égouttez et versez dans une cocotte pour les faire revenir avec les cubes de 2 oignons dans 2 c. à s. d'huile d'olive. Laissez dorer 10 mn. Ajoutez 1 saucisse de Morteau, 40 cl d'eau et 1 cube de bouillon de légumes. Couvrez, laissez mijoter 1 h, puis prélevez 15 cl du jus de cuisson. Laissez refroidir complètement avant de placer au réfrigérateur.

Préparez la soupe de céleri-rave et de navets :
Faites revenir 10 mn à feu doux les gros morceaux de céleri-rave et 400 g de navets dans 30 g de beurre. Ajoutez 1 l d'eau, 1 cube de bouillon de légumes et 15 cl du jus de cuisson des navets braisés à la saucisse. Couvrez et laissez frémir 30 mn. Laissez bien refroidir avant de mettre au frais.

Préparez le gratin de coquillettes aux côtes de blettes :
Dans une casserole, faites revenir dans 1 c. à s. d'huile d'olive les côtes de blettes en tronçons avec la gousse d'ail hachée, du sel et du poivre. Laissez cuire 15 mn à feu doux, puis ajoutez le contenu d'1 boîte de chair de tomates et 1 c. à c. d'origan séché, du sel et du poivre. Laissez mijoter jusqu'à ce que les côtes soient tendres. Pendant ce temps, faites cuire 250 g de coquillettes, 3 mn de moins que le temps nécessaire, puis ajoutez-les à la préparation aux blettes. Laissez refroidir dans un plat à gratin avant de placer au frais.

Préparez la sauce de la salade de céleri-rave :
Fouettez 200 g de crème fraîche avec 1 c. à s. de moutarde, 2 c. à s. de vinaigre de cidre, 1 c. à c. de curry, du sel et du poivre.

RECETTES POUR 4 PERSONNES

LUNDI **2**

Navets braisés & saucisse de Morteau

5 mn · 20 mn

Déposez des navets braisés à la saucisse de Morteau dans un plat allant au four. Ajoutez un peu d'eau pour que les navets ne sèchent pas et couvrez de papier cuisson. Enfournez pour 20 mn à 140 °C.

MARDI **3**

Salade de céleri-rave

15 mn

Dans un saladier, mélangez le reste de céleri-rave râpé, la moitié du persil haché, du sel et du poivre, puis mélangez avec la sauce. Répartissez dans 4 assiettes et agrémentez d'1 pomme Granny Smith coupée en allumettes, des cerneaux de noix et de 4 tranches de jambon fumé émincées.

MERCREDI **4**

Soupe de céleri-rave et de navets

10 mn · 10 mn

Réchauffez la soupe de céleri-rave et de navets 10 mn à feu doux. Lorsqu'elle est chaude, mixez soigneusement et ajoutez 100 g de crème fraîche. Au moment de servir, parsemez du reste de persil haché, salez, poivrez et servez aussitôt.

JEUDI **5**

Gratin de coquillettes aux côtes de blettes

5 mn · 20 mn

Sortez le plat de coquillettes et de côtes de blettes du réfrigérateur, détendez-le avec un peu d'eau, salez et poivrez. Recouvrez de 80 g d'emmental râpé. Enfournez pour 20 mn à 200 °C.

VENDREDI **6**

Omelette aux feuilles de blettes

5 mn · 20 mn

Dans une poêle, faites revenir les cubes d'1 oignon et les lanières vertes des blettes avec 2 c. à s. d'huile d'olive pendant 10 mn. Pendant ce temps, battez 4 œufs et ajoutez 60 g d'emmental râpé. Salez, poivrez et versez sur les blettes. Couvrez et laissez cuire 10 mn pour une omelette bien prise.

Ski

ET AUSSI

+ 2j restes
+ Crozifflette (lundi)
+ Tarte aux oignons
+ raclette (Samedi)
+ Soupe de légumes
+ Crêpes

MA LISTE de courses

LÉGUMES

2 bottes d'asperges vertes
6 betteraves cuites
2 carottes
1 citron
1 salade verte
2 oignons
1 gousse d'ail

VIANDES ET POISSONS

4 blancs de poulet
8 tranches de chorizo

CRÈMERIE

4 œufs
1 bûche de chèvre
1 crottin de Chavignol
120 g de comté râpé
60 g de beurre
60 cl de crème fleurette
80 cl de lait

CONDIMENTS, HERBES ET ÉPICES

250 g de riz
60 g de farine
60 g de chapelure
1 cube de bouillon de légumes
Coriandre
Cumin
Gingembre râpé
Cannelle
Muscade
Miel
Moutarde
Vinaigre de cidre
Huile d'olive
Sel, poivre

SEMAINE DU 9 AU 13 MARS 2020

JOURNÉE BATCH COOKING

45 mn
1 h 15

Préparez les légumes :
- Rincez et épluchez 2 bottes d'asperges vertes.
- Épluchez et coupez 6 betteraves cuites en petits cubes.
- Lavez, épluchez et coupez 2 carottes en morceaux.
- Épluchez et coupez 2 oignons en cubes et réservez au frais dans un bocal fermé.
- Hachez 1 gousse d'ail.
- Lavez et essorez 1 salade verte. Conservez-la au frais dans un récipient hermétique avec une feuille d'essuie-tout.

Préparez les asperges :
Ficelez ensemble les asperges de manière à les maintenir bien droites. Elles doivent pouvoir tenir debout. Plongez-les dans une casserole d'eau bouillante pendant 10 mn. Égouttez bien et réservez au frais dans un plat hermétique tapissé d'essuie-tout.

Préparez la soupe de betteraves :
Dans une casserole, faites revenir les cubes d'1 oignon, la gousse d'ail hachée, les morceaux de carottes et la moitié des cubes de betteraves avec 1 c. à s. d'huile d'olive pendant 10 mn. Saupoudrez de 2 c. à c. de gingembre râpé, 1 pincée de cannelle et 2 pincées de muscade. Couvrez d'eau et ajoutez 1 cube de bouillon de légumes. Laissez mijoter 30 mn et mixez soigneusement. Laissez complètement refroidir avant de conserver au réfrigérateur.

Préparez le riz :
Faites cuire 250 g de riz selon les indications du paquet. Égouttez et laissez complètement refroidir avant de mettre au frais.

Préparez la béchamel :
Faites mousser 60 g de beurre dans une casserole, puis versez 60 g de farine, mélangez bien et laissez cuire 5 mn en remuant et sans laisser brunir. Versez 80 cl de lait progressivement, en mélangeant jusqu'à ce que la béchamel épaississe. En fin de cuisson, ajoutez du sel, du poivre et 1 pincée de muscade. Laissez complètement refroidir avant de mettre au frais.

Préparez la vinaigrette :
Émulsionnez 4 c. à s. d'huile d'olive avec 1 c. à c. de moutarde, 2 c. à c. de miel, 2 c. à s. de vinaigre de cidre, du sel et du poivre. Réservez au frais dans un bocal et secouez bien avant de servir.

LUNDI 9

Gratin de betteraves au chèvre et au chorizo

10 mn · 25 mn

Émiettez 1 crottin de Chavignol. Coupez 8 tranches de chorizo en petits morceaux. Dans un plat à gratin, versez le reste des morceaux de betteraves. Parsemez de chorizo, de miettes de Chavignol et recouvrez de la béchamel. Ajoutez 60 g de comté râpé et enfournez 25 mn à 200 °C.

MARDI 10

Œufs cocottes aux asperges

15 mn · 10 mn

Dans 4 petites cocottes ou ramequins, formez 4 « nids » de 2 ou 3 asperges (utilisez 1 botte en tout). Fouettez 40 cl de crème fleurette avec 60 g de comté râpé, du sel et du poivre. Versez la moitié de ce mélange sur les nids d'asperges. Cassez 1 œuf dans chaque cocotte et recouvrez du reste de crème au comté. Enfournez pour 10 mn au bain-marie à 180 °C.

MERCREDI 11

Soupe de betteraves

5 mn · 10 mn

Réchauffez la soupe de betteraves 10 mn à feu doux sans la faire bouillir et en remuant. Pendant ce temps, fouettez 20 cl de crème fleurette très froide avec du sel, du poivre et quelques gouttes de jus de citron. Servez la soupe avec cette crème acidulée.

JEUDI 12

Poulet sauté aux asperges & riz

10 mn · 25 mn

Dans une poêle, faites dorer les cubes d'1 oignon avec 2 c. à s. d'huile d'olive. Ajoutez 4 blancs de poulet émincés et faites-les dorer 10 mn. Assaisonnez de sel, de poivre, d'1 pincée de coriandre et d'1 pincée de cumin. Ajoutez 1 botte d'asperges en tronçons et les 250 g de riz cuit, puis laissez cuire 10 mn.

VENDREDI 13

Salade de chèvre chaud au miel

10 mn · 10 mn

Coupez 1 bûche de chèvre en 8 tranches épaisses. Dans un bol, battez 1 œuf. Remplissez un autre bol de 60 g de chapelure. Trempez les tranches dans l'œuf, dans la chapelure, puis dans l'œuf et dans la chapelure à nouveau. À la poêle, faites-les dorer avec 2 c. à s. d'huile d'olive, 3 mn de chaque côté. Servez avec la salade verte émincée et la vinaigrette au miel.

ET AUSSI

MA LISTE de courses

LÉGUMES

1,5 kg d'épinards
2 pommes de terre
3 carottes
2 oignons
1 salade verte
1 orange
10 noix

VIANDES ET POISSONS

4 filets de lieu jaune
1 saucisse de Morteau
400 g de petit salé

CRÈMERIE

1 jaune d'œuf
1 pâte feuilletée rectangulaire
120 g de feta
4 tranches de brie (120 g)
10 c. à s. de crème fraîche (200 g)
10 g de beurre demi-sel

CONDIMENTS, HERBES ET ÉPICES

500 g de lentilles
1 bouquet garni
½ bouquet de persil plat
1 cube de bouillon de légumes
1 c. à c. de cinq baies
2 clous de girofle
Vinaigre balsamique
Huile d'olive
Sel, poivre

SEMAINE DU 16 AU 20 MARS 2020

JOURNÉE BATCH COOKING

35 mn
2 h 35

Préparez les légumes :

- Lavez 1,5 kg d'épinards, ôtez la nervure centrale, puis taillez-les en larges lanières.
- Lavez, pelez et coupez 2 pommes de terre en cubes.
- Lavez et pelez 3 carottes.
- Pelez 2 oignons, conservez-en 1 entier et coupez l'autre en rondelles.
- Lavez et essorez 1 salade verte.
- Lavez et triez ½ bouquet de persil plat.

Préparez le petit salé :

Dans une cocotte, placez 2 carottes coupées en morceaux, l'oignon entier piqué de 2 clous de girofle, 1 bouquet garni et 400 g de petit salé déjà dessalé. Couvrez d'eau et laissez cuire 1 h 30. Laissez complètement refroidir et conservez la cocotte au frais.

Préparez les lentilles :

Rincez et faites cuire 500 g de lentilles selon les indications du paquet. Attention à les cuisiner *al dente*, c'est-à-dire bien fermes. Laissez complètement refroidir et réservez au frais.

Préparez les épinards :

Dans une grande poêle, faites suer l'oignon en rondelles dans 1 c. à s. d'huile d'olive. Dès qu'il est bien doré, ajoutez les épinards et faites-les tomber 10 mn. Réservez la moitié dans un grand plat et laissez refroidir.

Versez l'autre moitié dans une casserole avec les pommes de terre, 1 carotte, 1 cube de bouillon de légumes et 1 c. à c. de cinq baies. Couvrez de 75 cl d'eau et laissez frémir 30 mn. Laissez refroidir et réservez au frais.

Préparez les feuilletés :

Coupez 1 pâte feuilletée rectangulaire en 4 carrés. Prélevez la moitié des épinards sautés et laissez le reste au frais. Répartissez au centre des carrés les épinards, 4 tranches de brie et 4 c. à c. de crème fraîche épaisse. Salez, poivrez et soudez les quatre coins avec de l'eau pour former de petits paniers. Placez au congélateur.

Préparez la vinaigrette balsamique :

Émulsionnez 4 c. à s. d'huile d'olive avec 2 c. à s. de vinaigre balsamique, 1 c. à c. d'eau tiède, du sel et du poivre.

LUNDI 16

Petit salé express

5 mn · 25 mn

Dans la cocotte du petit salé, ajoutez la moitié des lentilles cuites et 1 saucisse de Morteau. Si besoin, ajoutez un peu d'eau ou jetez un peu de jus de cuisson de la viande. Couvrez et laissez mijoter 25 mn. Poivrez et servez chaud.

MARDI 17

Soupe d'épinards

10 mn · 10 mn

Sortez la soupe d'épinards non mixée du réfrigérateur et réchauffez-la 10 mn à feu moyen. Lorsqu'elle est bien chaude, mixez soigneusement. Ajoutez 10 g de beurre demi-sel et 2 c. à s. de crème fraîche épaisse. Mixez encore, puis salez et poivrez.

MERCREDI 18

Papillotes de lieu jaune

10 mn · 20 mn

Au centre de 4 feuilles de papier cuisson, répartissez le reste des épinards sautés. Recouvrez de 4 filets de lieu jaune, puis de 4 c. à s. de crème fraîche épaisse et parsemez généreusement du persil plat. Salez et poivrez. Fermez les papillotes et enfournez pour 20 mn à 200 °C.

JEUDI 19

Salade de lentilles et de feta à l'orange

10 mn

Dans un grand saladier, mélangez l'autre moitié des lentilles cuites avec 120 g de feta émiettée, les quartiers d'1 orange en petits morceaux et les cerneaux de 6 noix. Arrosez d'¼ de la vinaigrette balsamique et servez avec ¼ de salade verte taillée en lanières.

VENDREDI 20

Feuilletés aux épinards et au brie

10 mn · 20 mn

Sortez les feuilletés d'épinards du congélateur et laissez reposer 10 mn. Badigeonnez-les d'1 jaune d'œuf battu pour les faire dorer (facultatif). Enfournez pour 20 mn à 180 °C et servez avec ¾ de salade verte arrosée du reste de vinaigrette balsamique et les cerneaux de 4 noix.

ET AUSSI

MA LISTE de courses

LÉGUMES

8 poireaux
2 brocolis
4 pommes de terre
2 panais
2 carottes
5 oignons
1 salade verte
1 citron

VIANDES ET POISSONS

1 petit poulet
150 g de lardons
4 pavés de saumon
400 g de noix de Saint-Jacques

CRÈMERIE

7 œufs
1 pâte feuilletée
130 g d'emmental râpé
500 g de crème fraîche
65 g de beurre demi-sel

CONDIMENTS, HERBES ET ÉPICES

Thym
Muscade
Curry
Moutarde
Vinaigre de vin
Vinaigre balsamique
Huile d'olive
Sel, poivre

SEMAINE DU 23 AU 27 MARS 2020

JOURNÉE BATCH COOKING

1 h

2 h 15

Préparez les légumes :

- Lavez et coupez 2 brocolis en fleurettes.
- Lavez soigneusement et coupez 8 poireaux en fines rondelles.
- Épluchez 5 oignons, coupez-en 4 en gros morceaux et hachez-en 1 très finement.
- Lavez, épluchez et coupez 4 pommes de terre, 2 panais et 2 carottes en gros morceaux.
- Lavez et essorez 1 salade verte. Conservez-la au frais avec une feuille d'essuie-tout.

Préparez le poulet rôti :
Placez 1 petit poulet dans un grand plat allant au four. Glissez 20 g de beurre demi-sel réparti en petits morceaux sous la peau du poulet. Arrosez du jus d'½ citron, salez, poivrez et massez quelques minutes. Répartissez 4 oignons, 4 pommes de terre, 2 panais et 2 carottes en morceaux autour du poulet. Ajoutez ½ verre d'eau et enfournez pour 1 h 30 à 200 °C en arrosant régulièrement le poulet de son jus de cuisson. Laissez refroidir et gardez au frais.

Préparez les poireaux :
Faites revenir très doucement les 8 poireaux dans 30 g de beurre demi-sel pendant 30 mn. Ils doivent fondre lentement sans roussir. Laissez refroidir et placez au frais.

Préparez les brocolis :
Placez les fleurettes de brocolis dans le panier d'un cuiseur vapeur et laissez cuire 7 mn. Il faut qu'elles restent bien fermes. Laissez refroidir et entreposez au frais.

Préparez les lardons :
Dans une poêle, faites revenir 150 g de lardons à feu vif pour qu'ils perdent leur graisse et dorent. Dès qu'ils sont bien grillés, égouttez sur du papier absorbant, puis laissez refroidir avant de mettre au frais.

Préparez le saumon mariné :
Dans un saladier, mélangez 6 c. à s. d'huile d'olive, le jus et les zestes d'½ citron, 1 c. à s. de vinaigre balsamique, 4 pincées de thym, l'oignon haché, du sel et du poivre. Recouvrez les 4 pavés de saumon de ce mélange et massez bien pour que toutes les faces soient enduites. Entreposez au frais dans la marinade.

Préparez la vinaigrette :
Mélangez 3 c. à s. d'huile d'olive, 1 c. à c. de moutarde, 2 c. à c. de vinaigre de vin, du sel et du poivre.

RECETTES POUR 4 PERSONNES

LUNDI
23

Poulet rôti tout simple

10 mn · 25 mn

Sortez le poulet du réfrigérateur et découpez-le. Remettez tous les morceaux dans le plat (peau du poulet vers vous) et couvrez celui-ci d'un papier cuisson. Enfournez pour 25 mn à 170 °C. Arrosez régulièrement pour que la viande reste tendre.

MARDI
24

Papillotes de saumon aux brocolis

10 mn · 20 mn

Sur quatre feuilles de papier cuisson, répartissez la moitié des brocolis précuits. Écrasez légèrement les fleurettes et recouvrez des 4 pavés de saumon. Arrosez de la marinade et refermez les papillotes. Enfournez pour 20 mn à 180 °C.

MERCREDI
25

Flan aux poireaux et aux lardons

10 mn · 40 mn

Dans un saladier, battez 4 œufs avec 150 g de crème fraîche, 80 g d'emmental râpé, du sel et du poivre. Ajoutez la moitié des poireaux fondus, les lardons grillés et versez le tout dans un moule à cake chemisé. Enfournez pour 40 mn à 200 °C. Servez chaud ou froid avec la salade verte et la vinaigrette.

JEUDI
26

Tarte aux brocolis

10 mn · 20 mn

Étalez et piquez 1 pâte feuilletée dans un plat à tarte. Dans un saladier, battez 3 œufs avec 200 g de crème fraîche. Ajoutez le reste des brocolis précuits, 50 g d'emmental râpé, 1 pincée de muscade, du sel et du poivre. Enfournez pour 20 mn à 180 °C.

VENDREDI
27

Fricassée de poireaux aux noix de Saint-Jacques

5 mn · 15 mn

À la poêle, réchauffez doucement le reste des poireaux fondus dans 15 g de beurre demi-sel. Quand ils sont chauds, montez le feu et ajoutez 400 g de noix de Saint-Jacques. Laissez dorer 2 mn de chaque côté à feu vif, puis ajoutez 150 g de crème fraîche, ½ c. à c. de curry, du sel et du poivre. Servez aussitôt.

★ ET AUSSI ★

MA LISTE de courses

LÉGUMES

800 g de petits pois écossés
2 céleris-raves
2 carottes
2 laitues
3 oignons
2 échalotes
2 gousses d'ail
2 citrons

VIANDES ET POISSONS

4 pavés de cabillaud
2 pavés de saumon
1 tranche épaisse de pancetta
8 tranches de bacon

CRÈMERIE

4 œufs
30 g de beurre
50 g de parmesan râpé
90 g d'emmental râpé
8 c. à s. de crème fraîche

CONDIMENTS, HERBES ET ÉPICES

250 g de riz
100 g de chapelure
1 bouquet de persil
1 bouquet garni
1 cube de bouillon de légumes
Curry
30 cl de vin blanc sec
Vinaigre de vin
Moutarde
Huile neutre
Huile d'olive
Sel, poivre
Sucre

SEMAINE DU 30 MARS AU 3 AVRIL 2020

JOURNÉE BATCH COOKING

1 h
1 h

Préparez les légumes :

- Rincez et égouttez 800 g de petits pois écossés.
- Lavez et épluchez 2 céleris-raves. Coupez-en 1 en dés et râpez l'autre grossièrement.
- Lavez et épluchez 2 carottes. Râpez-les grossièrement.
- Épluchez et coupez 3 oignons et 2 échalotes en rondelles.
- Épluchez et hachez 2 gousses d'ail.
- Lavez et essorez 2 laitues. Coupez-en une en larges lanières et conservez l'autre entière au frais avec une feuille d'essuie-tout.
- Lavez, triez et hachez 1 bouquet de persil.

Préparez la farce bordelaise :

Dans une poêle, faites revenir les échalotes et les gousses d'ail hachées dans 30 g de beurre pendant 3 mn. Déglacez avec 15 cl de vin blanc sec et le jus d'½ citron, du sel et du poivre pendant 3 mn. Ajoutez la moitié du persil haché, ainsi que 100 g de chapelure. Laissez refroidir et placez au frais.

Préparez les petits pois :

Dans une cocotte, faites revenir l'équivalent d'1 oignon émincé dans 2 c. à s. d'huile d'olive pendant 3 mn, puis ajoutez les lanières de laitue et faites fondre 2 mn. Ajoutez les petits pois, 1 c. à s. de sucre, 1 bouquet garni et un grand verre d'eau. Laissez mijoter 20 mn à couvert : les petits pois doivent être tendres. Salez et poivrez. Laissez refroidir et placez au frais.

Préparez le céleri rémoulade :

Préparez une mayonnaise en fouettant 1 jaune d'œuf avec 1 c. à c. de moutarde et 1 pincée de sucre. Ajoutez de l'huile neutre en filet, sans cesser de fouetter jusqu'à obtenir 4 c. à s. de mayonnaise très ferme. Ajoutez 1 c. à s. de vinaigre de vin, du sel et du poivre. Ajoutez les carottes et le céleri-rave râpés, mélangez et placez au frais.

Taillez 2 pavés de saumon en dés et arrosez-les d'une marinade faite de 4 c. à s. d'huile, du jus d'1 citron, du sel et du poivre. Réservez au frais.

Préparez le risotto :

Portez 1 l d'eau à ébullition avec 1 cube de bouillon de légumes. Dans une cocotte, faites suer le reste des oignons dans 1 c. à s. d'huile d'olive puis ajoutez le céleri-rave en dés et faites revenir 5 mn. Déglacez avec 15 cl de vin blanc sec et faites cuire jusqu'à évaporation complète. Ajoutez le bouillon par petites louches en remuant jusqu'à ce qu'il soit complètement absorbé. Laissez refroidir et placez au frais.

Préparez la vinaigrette :

Mélangez 3 c. à s. d'huile d'olive, 1 c. à c. de moutarde, 2 c. à c. de vinaigre de vin, du sel et du poivre.

LUNDI 30

Céleri rémoulade au saumon

5 mn

Mélangez bien la rémoulade, rectifiez l'assaisonnement et répartissez dans 4 assiettes. Égouttez le saumon mariné et servez sur la rémoulade. Parsemez d'1 c. à s. de persil haché.

MARDI 31

Cabillaud à la bordelaise

5 mn 30 mn

Faites cuire 250 g de riz selon les indications du paquet. Dans un plat allant au four, placez 4 pavés de cabillaud et étalez sur chacun d'eux la farce bordelaise. Enfournez pour 20 mn à 200 °C jusqu'à ce que la farce soit dorée et croustillante. Servez avec le riz.

MERCREDI 1

Petits pois à la crème & pancetta

5 mn 15 mn

Taillez 1 tranche épaisse de pancetta en gros lardons, et faites-les revenir dans une cocotte pendant 3 mn. Ajoutez ⅓ des petits pois à la laitue, 2 c. à s. de crème fraîche et réchauffez 10 mn. Rectifiez l'assaisonnement et servez bien chaud.

JEUDI 2

Risotto de céleri & bacon

10 mn 10 mn

Faites réchauffer le risotto de céleri à feu très doux pendant 10 mn. Pendant ce temps, faites griller 8 tranches de bacon à sec, à la poêle. Au dernier moment, ajoutez au risotto 2 c. à s. de persil haché, 50 g de parmesan râpé et 3 c. à s. de crème fraîche. Servez avec le bacon grillé.

VENDREDI 3

Flans aux petits pois

10 mn 25 mn

Fouettez 3 œufs avec 3 c. à s. de crème fraîche, ½ c. à c. de curry, 90 g d'emmental râpé, du sel et du poivre. Ajoutez le reste des petits pois et mélangez. Versez dans 4 ramequins beurrés et enfournez pour 25 mn à 180 °C. Servez avec la laitue et la vinaigrette.

ET AUSSI

MA LISTE de courses

LÉGUMES

2 choux-fleurs
8 endives
400 g de petits pois écossés
1 botte d'asperges vertes
1 petite botte de radis
2 oignons
1 gousse d'ail
6 noix
50 g de noix de cajou
50 g de raisins de Corinthe
½ citron

VIANDES ET POISSONS

4 pavés de thon frais
4 tranches de jambon blanc

CRÈMERIE

6 œufs
400 g de tofu fumé
120 g de feta
6 c. à s. de crème fraîche

CONDIMENTS, HERBES ET ÉPICES

250 g de linguine
10 cl de vin blanc
20 cl de crème de coco
50 g de chapelure
1 bouquet de menthe
1 bouquet de persil
1 bouquet de coriandre
Gingembre râpé
Cumin
Curcuma
Curry
Paprika
Huile d'olive
Sel, poivre

SEMAINE DU 6 AU 10 AVRIL 2020

JOURNÉE BATCH COOKING

1 h 20
50 mn

Préparez les légumes :

- Lavez 2 choux-fleurs. Séparez les fleurettes et taillez en lamelles les parties du cœur tendre.
- Essuyez 8 endives et ôtez-en les bases.
- Rincez et égouttez 400 g de petits pois écossés.
- Coupez la base dure d'1 botte d'asperges vertes, puis lavez-les et essuyez-les. Coupez les tiges en rondelles en gardant les têtes sur 5 cm.
- Lavez 1 petite botte de radis. Retirez les feuilles, les queues et les racines et taillez les radis en rondelles.
- Épluchez et taillez 2 oignons en rondelles.
- Épluchez et hachez 1 gousse d'ail.
- Lavez, triez et hachez 1 bouquet de menthe, 1 bouquet de persil et 1 bouquet de coriandre. Conservez-les au frais sans les mélanger.

Préparez les petits pois :
Faites blanchir les petits pois 5 mn dans l'eau bouillante, puis égouttez. Dans une sauteuse, faites revenir les rondelles d'1 oignon et la gousse d'ail hachée dans 2 c. à s. d'huile d'olive. Ajoutez la moitié des petits pois (réservez le reste au frais) et faites revenir 3 mn. Hors du feu, ajoutez la moitié de la menthe hachée et 6 noix finement concassées. Placez au frais et réservez.

Préparez les asperges :
Dans une poêle, faites sauter les asperges 15 mn avec 1 c. à s. d'huile d'olive, du sel et du poivre. Laissez refroidir et placez au frais.

Préparez les endives :
Placez les 8 endives dans le panier d'un cuiseur vapeur et faites cuire 15 mn. Égouttez et réservez au frais. Pendant ce temps, faites sauter les rondelles d'1 oignon dans 1 c. à s. d'huile d'olive et déglacez avec 10 cl de vin blanc. Ajoutez 4 c. à s. de crème fraîche, 1 c. à c. de cumin, 1 c. à c. de curcuma et 1 c. à c. de coriandre hachée. Réservez au frais.

Préparez le taboulé de chou-fleur :
Dans un saladier, râpez la moitié des fleurettes de choux-fleurs pour obtenir une « semoule ». Ajoutez les radis en rondelles, le reste de menthe, de coriandre et de persil hachés, le reste des petits pois précuits et rafraîchis et 50 g de raisins de Corinthe. Mélangez soigneusement et placez au frais.

Préparez le tofu :
Coupez en cubes 400 g de tofu fumé. Versez dessus 20 cl de crème de coco, ½ c. à c. de curry, ½ c. à c. de curcuma, ½ c. à c. de gingembre râpé, ½ c. à c. de paprika, du sel et du poivre. Mélangez et réservez au frais.

LUNDI **6**

Pâtes aux petits pois et à la menthe

5 mn · 15 mn

Faites cuire 250 g de linguine selon les indications du paquet. Réchauffez doucement la préparation aux petits pois et à la menthe. Au dernier moment, ajoutez 120 g de feta émiettée et les linguine. Salez, poivrez et servez sans attendre.

MARDI **7**

Omelette aux asperges

5 mn · 10 mn

Battez 6 œufs avec 2 c. à s. de crème fraîche, du sel et du poivre. Réchauffez les asperges 2 mn à la poêle et versez dessus les œufs battus, en rabattant l'omelette vers le centre de la poêle au fur et à mesure de la cuisson (environ 7 mn). Servez sans attendre.

MERCREDI **8**

Chou-fleur sauté au tofu

5 mn · 25 mn

Dans une poêle, faites revenir le reste des fleurettes de choux-fleurs dans 2 c. à s. d'huile d'olive pendant 5 mn. Ajoutez le tofu avec sa marinade et laissez cuire 20 mn à couvert. Rectifiez l'assaisonnement et servez avec 50 g de noix de cajou hachées.

JEUDI **9**

Gratin d'endives au thon

10 mn · 20 mn

Dans un plat allant au four, placez les endives cuites, 4 pavés de thon frais coupés en cubes et versez la crème aux oignons et aux épices par-dessus. Saupoudrez de 50 g de chapelure et enfournez pour 20 mn à 200 °C.

VENDREDI **10**

Chou-fleur en taboulé

10 mn

Sortez le taboulé de chou-fleur. Préparez une vinaigrette en mélangeant 4 c. à s. d'huile d'olive avec le jus d'½ citron, du sel et du poivre. Mélangez bien et servez frais avec 4 tranches de jambon blanc.

★ ET AUSSI ★

MA LISTE de courses

LÉGUMES

1,2 kg de pommes de terre
12 petits artichauts violets
8 gros champignons Portobello
1 salade frisée
1 laitue
1 oignon
2 gousses d'ail
1 citron

VIANDES ET POISSONS

4 cuisses de lapin
6 côtes de porc
4 tranches de jambon fumé

CRÈMERIE

4 œufs
150 g de fromage frais
110 g de parmesan râpé
8 c. à s. de crème fraîche
10 g de beurre

CONDIMENTS, HERBES ET ÉPICES

250 g de penne
50 g de pignons de pin grillés
50 g de chapelure
60 cl de coulis de tomates
1 cube de bouillon de légumes
1 morceau de sucre
1 feuille de laurier
1 bouquet de persil
Paprika fumé
Thym
Origan
Moutarde
Vinaigre de vin
Huile de noix
Huile d'olive
Sel, poivre

SEMAINE DU 13 AU 17 AVRIL 2020

JOURNÉE BATCH COOKING

1 h 15

1 h

Préparez les légumes :
- Lavez, épluchez et coupez 1,2 kg de pommes de terre en morceaux.
- Lavez 12 petits artichauts violets, retirez les feuilles dures, puis les têtes des feuilles (dures, elles aussi). Coupez les artichauts en deux et ôtez le foin. Réservez dans une eau légèrement citronnée.
- Lavez et séchez 8 gros champignons Portobello. Hachez les pieds et conservez les chapeaux.
- Lavez, essorez et conservez au frais 1 salade frisée et 1 laitue dans un récipient hermétique avec une feuille d'essuie-tout.
- Lavez, triez et hachez 1 bouquet de persil.
- Épluchez et coupez 1 oignon en rondelles.
- Épluchez et hachez 2 gousses d'ail.

Préparez les pommes de terre :
Faites cuire 1,2 kg de pommes de terre 15 mn à la vapeur ; elles doivent être juste cuites. Laissez refroidir et réservez au frais.

Préparez la sauce tomate :
Dans une sauteuse, faites revenir les rondelles d'oignon et les gousses d'ail hachées avec 2 c. à s. d'huile d'olive. Ajoutez 60 cl de coulis de tomates, 1 feuille de laurier, 1 morceau de sucre, du sel et du poivre, puis laissez frémir 20 mn.

Préparez le lapin :
Saupoudrez 4 cuisses de lapin d'1 c. à s. de paprika fumé et arrosez d'1 c. à s. d'huile d'olive. Massez bien et réservez au frais.

Préparez les artichauts :
Égouttez les demi-artichauts et arrosez-les d'un mélange du jus d'½ citron, de 2 c. à s. d'huile d'olive, d'1 c. à c. de thym, de sel et de poivre. Placez-les sur une plaque de cuisson et laissez cuire 20 mn à 180 °C. Laissez refroidir et réservez au frais.

Préparez la farce des champignons :
Dans un saladier, écrasez 150 g de fromage frais, 4 c. à s. de crème fraîche, 50 g de pignons grillés et hachés, la moitié du persil haché, les pieds hachés de champignons et 50 g de parmesan râpé. Garnissez les chapeaux des champignons de cette farce. Filmez et placez au frais.

Préparez la vinaigrette :
Fouettez ensemble 6 c. à s. d'huile de noix, 3 c. à s. de vinaigre de vin, 2 c. à c. de moutarde, du sel et du poivre. Conservez au frais dans un bocal hermétique.

LUNDI 13

Lundi de Pâques

Artichauts rôtis & côtes de porc à la tomate

5 mn 15 mn

Réchauffez les demi-artichauts 15 mn au four à 200 °C. Pendant ce temps, faites colorer 6 côtes de porc dans une poêle avec 10 g de beurre. Après 5 mn, ajoutez la moitié de la sauce tomate, salez, poivrez et laissez cuire 10 mn. Servez 4 côtes avec les artichauts et réservez le reste au frais.

MARDI 14

Champignons farcis & salade

5 mn 10 mn

Placez les champignons farcis sur la plaque du four et saupoudrez de 50 g de chapelure. Enfournez pour 10 mn à 200 °C. Servez avec la laitue et la moitié de la vinaigrette à l'huile de noix.

MERCREDI 15

Salade de pommes de terre au jambon fumé & œufs pochés

15 mn 5 mn

Dans 4 assiettes, répartissez la salade frisée, 500 g de pommes de terre en dés et 4 tranches de jambon fumé émincées. Cassez 4 œufs dans une casserole d'eau bouillante avec 4 c. à s. de vinaigre de vin et faites-les pocher pendant 4 mn. Déposez-les dans les assiettes, puis arrosez du reste de vinaigrette.

JEUDI 16

Lapin au paprika & pommes de terre

5 mn 30 mn

Dans une cocotte, faites colorer les cuisses de lapin marinées 10 mn. Versez 10 cl de bouillon de légumes, le reste de pommes de terre et couvrez pendant 15 mn. Ajoutez 4 c. à s. de crème fraîche, du sel, du poivre et le reste du persil haché. Laissez cuire 5 mn et servez.

VENDREDI 17

Pâtes au porc et à la tomate

10 mn 20 mn

Faites cuire 250 g de penne selon les indications du paquet. Hachez les 2 côtes de porc cuites et ajoutez-les au reste de sauce tomate. Ajoutez 1 c. à c. d'origan et réchauffez 10 mn à la poêle. Servez bien chaud avec 60 g de parmesan râpé.

ET AUSSI

MA LISTE de courses

LÉGUMES

1 kg d'épinards
1 kg de blettes
300 g de pommes de terre
8 artichauts
1 salade verte
1 oignon
1 gousse d'ail
1 citron

VIANDES ET POISSONS

600 g de bœuf haché
600 g de foies de volaille
150 g de lardons fumés
1 tranche de jambon fumé
2 boîtes de thon à l'huile

CRÈMERIE

1 pâte feuilletée rectangulaire
60 g de comté râpé
60 g de parmesan râpé
150 g de fromage frais fouetté
90 g de beurre
4 c. à s. de crème fraîche
85 cl de lait

CONDIMENTS, HERBES ET ÉPICES

16 grosses conchiglie
1 petite boîte de tomates pelées au jus
10 cl de vin blanc
1 bouquet de persil plat
1 bouquet garni
60 g de farine
Moutarde
Muscade
Huile d'olive
Sel, poivre

SEMAINE DU 20 AU 24 AVRIL 2020

JOURNÉE BATCH COOKING

50 mn

1 h 50

Préparez les légumes :

- Lavez 1 kg d'épinards. Retirez la nervure centrale et coupez les feuilles en deux.
- Lavez et essorez 1 kg de blettes. Coupez grossièrement les feuilles et les côtes.
- Lavez et épluchez 300 g de pommes de terre.
- Coupez la base de 8 artichauts et les feuilles aux ¾. Puis coupez-les en deux et ôtez le foin.
- Lavez et essorez 1 salade verte. Conservez-la au frais avec une feuille d'essuie-tout.
- Épluchez et hachez 1 oignon et 1 gousse d'ail.
- Lavez, triez et hachez 1 bouquet de persil plat.

Préparez les artichauts :
Dans une cocotte, faites suer 150 g de lardons fumés et faites revenir l'oignon et la gousse d'ail hachés dans la graisse. Déglacez avec 10 cl de vin blanc, ajoutez 1 petite boîte de tomates pelées au jus et laissez cuire 3 mn. Ajoutez les demi-artichauts, 1 bouquet garni, du sel et du poivre. Couvrez et laissez cuire 20 mn. Laissez refroidir et réservez au frais.

Préparez les pommes de terre :
Faites cuire les pommes de terre 15 mn à la vapeur ; elles doivent être juste cuites. Laissez refroidir et réservez au frais.

Préparez le gratin de blettes :
Faites cuire les blettes 20 mn dans une casserole d'eau salée. Pendant ce temps, préparez une béchamel : dans une casserole avec 60 g de beurre moussant, versez 60 g de farine et mélangez pendant 5 mn sans laisser brunir. Versez 80 cl de lait petit à petit. Quand la béchamel est épaisse, ajoutez du sel, du poivre et 1 pincée de muscade. Ajoutez les blettes et versez dans un plat à gratin. Parsemez de 60 g de comté râpé et enfournez pour 20 mn à 200 °C. Laissez complètement refroidir avant de réfrigérer.

Préparez les épinards :
Dans une grande poêle, faites sauter les épinards dans 20 g de beurre jusqu'à ce qu'ils soient bien fondus, mais pas secs. Laissez refroidir et placez au frais.

Préparez la farce au thon :
Écrasez 2 boîtes de thon à l'huile égoutté avec 150 g de fromage frais fouetté, 1 c. à s. de moutarde, la moitié du persil haché et les zestes d'1 citron (conservez le citron au frais). Filmez et placez au réfrigérateur.

LUNDI

20

Artichauts mijotés

5 mn 10 mn

Réchauffez doucement les artichauts mijotés avec les pommes de terre à la vapeur. Laissez cuire 10 mn. Retirez le bouquet garni avant de servir et dégustez chaud.

MARDI

21

Épinards sautés aux foies de volaille

10 mn 10 mn

Dans une poêle, réchauffez les épinards 5 mn. Ajoutez 600 g de foies de volaille coupés en dés et poursuivez la cuisson 5 mn. Réservez $1/3$ de cette préparation au frais pour plus tard. Ajoutez 4 c. à s. de crème fraîche, salez, poivrez et servez.

MERCREDI

22

Chaussons au thon & salade verte

10 mn 20 mn

Découpez 1 pâte feuilletée rectangulaire en quatre carrés et répartissez la farce au thon en petits tas. Refermez en chaussons et badigeonnez de 5 cl de lait. Enfournez pour 20 mn à 180 °C. Servez avec la salade verte assaisonnée de 2 c. à s. d'huile d'olive et du jus d'½ citron.

JEUDI

23

Gratin de blettes & steaks hachés

10 mn 15 mn

Placez le gratin de blettes au four et réchauffez 15 mn à 180 °C. Pendant ce temps, façonnez 4 steaks avec 600 g de bœuf haché et faites-les revenir à la poêle 5 mn de chaque côté dans 10 g de beurre. Salez, poivrez et servez sans attendre.

VENDREDI

24

Conchiglie farcies aux foies

15 mn 25 mn

Faites cuire 16 grosses conchiglie selon les indications du paquet. Hachez les restes d'épinards et de foies de volaille. Ajoutez 1 tranche de jambon fumé coupée en lanières et le reste du persil haché. Farcissez-en les conchiglie, parsemez de 60 g de parmesan râpé et enfournez pour 15 mn à 180 °C.

ET AUSSI

39

MA LISTE de courses

LÉGUMES

1 kg de tomates
5 petites courgettes
600 g d'épinards
300 g de pommes de terre
250 g de lentilles vertes
250 g de champignons de Paris
200 g de petits pois écossés
3 oignons
4 gousses d'ail
1 salade verte
½ citron

VIANDES ET POISSONS

3 blancs de poulet
4 pavés de cabillaud

CRÈMERIE

1 pâte à pizza
1 mozzarella
50 g de chèvre frais
10 c. à s. de crème fraîche

CONDIMENTS, HERBES ET ÉPICES

250 g de farfalles
50 g de chapelure
40 cl de coulis de tomates
8 olives noires
1 bouquet garni
3 brins de menthe
3 morceaux de sucre
Moutarde
Vinaigre de cidre
Huile de noix
Huile d'olive
Sel, poivre

SEMAINE DU 27 AVRIL AU 1ER MAI 2020

JOURNÉE BATCH COOKING

1 h

2 h

Préparez les légumes :

- Lavez et coupez 1 kg de tomates en quartiers.
- Lavez 5 petites courgettes. Coupez-en 4 en deux et détaillez-en 1 en petits cubes.
- Lavez et égouttez 600 g d'épinards.
- Lavez, épluchez et coupez en morceaux 300 g de pommes de terre.
- Lavez et coupez en lamelles 250 g de champignons de Paris.
- Épluchez et coupez 3 oignons en rondelles.
- Épluchez 4 gousses d'ail. Hachez-en 2 et gardez les autres entières.
- Lavez et essorez 1 salade verte. Réservez au frais avec une feuille d'essuie-tout.
- Lavez et effeuillez 3 brins de menthe. Conservez au frais avec la salade.

Préparez la soupe de tomates :
Dans une cocotte, placez les quartiers de tomates, les pommes de terre, les rondelles d'1 oignon, les gousses d'ail entières, 2 morceaux de sucre, 1 bouquet garni, du sel et du poivre. Couvrez d'eau et laissez frémir 40 mn. Laissez refroidir et placez au frais.

Préparez la salade composée :
Faites cuire les 250 g de lentilles vertes rincées selon les indications du paquet, en veillant à ce qu'elles ne soient pas trop cuites. Faites cuire 250 g de farfalles *al dente* selon les indications du paquet. Faites blanchir 200 g de petits pois écossés 5 mn dans l'eau bouillante, puis égouttez. Laissez refroidir et placez le tout dans un saladier au frais.

Préparez les épinards :
Faites fondre les épinards 5 mn à feu doux dans 2 c. à s. d'huile d'olive. Laissez refroidir et réservez au frais.

Préparez les courgettes farcies :
Faites dorer les rondelles d'1 oignon dans 1 c. à s. d'huile d'olive, puis ajoutez 150 g de champignons émincés, 3 blancs de poulet hachés et 4 c. à s. de crème fraîche. Évidez les 8 demi-courgettes et hachez grossièrement la chair récupérée. Ajoutez-la à la poêle et poursuivez la cuisson 10 mn. Salez, poivrez et garnissez les demi-courgettes avec ⅔ de cette farce. Placez les courgettes dans un plat à gratin, le reste de farce dans un bol filmé et le tout au frais.

Préparez la sauce tomate :
Dans une sauteuse, faites revenir les rondelles du dernier oignon et les gousses d'ail hachées avec 2 c. à s. d'huile d'olive. Versez 40 cl de coulis de tomates, 1 morceau de sucre, du sel et du poivre et laissez frémir 20 mn à feu moyen. Laissez refroidir et placez au frais.

LUNDI 27

Salade composée de printemps

10 mn

Sortez la salade de farfalles et de légumes verts. Ajoutez les dés de courgette et les feuilles de menthe hachées au dernier moment. Arrosez d'une vinaigrette composée de 3 c. à s. d'huile de noix, 1 c. à s. de vinaigre de cidre, 1 c. à c. de moutarde, de sel et de poivre. Mélangez bien et servez avec 50 g de chèvre frais émietté.

MARDI 28

Courgettes farcies au poulet

5 mn · 20 mn

Sortez les courgettes farcies du réfrigérateur, saupoudrez-les de 50 g de chapelure et enfournez pour 20 mn à 180 °C, jusqu'à ce que la chapelure soit bien dorée. Servez bien chaud avec ⅓ de la sauce tomate.

MERCREDI 29

Soupe de tomates

5 mn · 10 mn

Réchauffez doucement la soupe de tomates pendant 10 mn sans la faire bouillir. Mixez soigneusement jusqu'à obtenir un velouté et rectifiez l'assaisonnement. Versez dans 4 bols et, au dernier moment, répartissez 2 c. à s. de crème fraîche.

JEUDI 30

Cabillaud aux épinards et aux champignons

10 mn · 20 mn

Placez 400 g d'épinards cuits dans un plat allant au four. Déposez le reste des lamelles de champignons de Paris, puis 4 pavés de cabillaud. Couvrez du reste d'épinards et ajoutez le jus d'½ citron, 4 c. à s. de crème fraîche, du sel et du poivre. Enfournez pour 20 mn à 200 °C.

VENDREDI 1

Pizza minute au poulet et à la mozzarella

10 mn · 15 mn

Étalez sur 1 pâte à pizza les ⅔ restants de la sauce tomate. Ajoutez le reste de farce au poulet, couvrez d'1 mozzarella émincée et de 8 olives noires. Enfournez pour 15 mn à 180 °C et servez avec la salade verte assaisonnée de 2 c. à s. d'huile d'olive, d'1 c. à c. de vinaigre de cidre, de sel et de poivre.

Fête du Travail

ET AUSSI

MA LISTE de courses

LÉGUMES

1,2 kg de pommes de terre
4 grosses tomates
1 botte d'asperges vertes
2 salades vertes
2 oignons
3 gousses d'ail
½ citron

VIANDES ET POISSONS

400 g de chair à saucisse
150 g de lardons fumés
4 tranches de jambon sec
4 pavés de saumon

CRÈMERIE

10 œufs
1 pâte brisée
1 yaourt grec
90 g de parmesan râpé
40 g de beurre
2 c. à s. de crème fraîche
1 brique de crème liquide
50 cl de lait

CONDIMENTS, HERBES ET ÉPICES

250 g de riz
2 tranches de pain de campagne
4 tranches de pain grillé
600 g de maïs cuit
1 cube de bouillon de volaille
1 bouquet de persil
10 brins de ciboulette
2 pincées de piment
Vinaigre de vin
Moutarde
Huile d'olive
Sel, poivre

SEMAINE DU 4 AU 8 MAI 2020

JOURNÉE BATCH COOKING

1 h
55 mn

Préparez les légumes :
- Lavez et épluchez 1,2 kg de pommes de terre. Coupez la moitié en rondelles et l'autre en cubes.
- Évidez 4 grosses tomates et conservez la chair et les chapeaux.
- Lavez et essuyez 1 botte d'asperges vertes. Jetez la base dure et réservez au frais.
- Lavez et essorez 2 salades vertes. Entreposez au frais avec une feuille d'essuie-tout.
- Épluchez et hachez 2 oignons et 3 gousses d'ail.
- Lavez et hachez 1 bouquet de persil et 10 brins de ciboulette.

Préparez les tomates farcies :
Mélangez ensemble 400 g de chair à saucisse avec l'équivalent d'1 oignon, de 2 gousses d'ail et la moitié du persil haché. Ajoutez la chair des tomates évidées et la mie de 2 tranches de pain de campagne trempée dans 10 cl de lait. Mélangez, salez, poivrez, puis garnissez les grosses tomates de cette préparation et refermez les chapeaux. Entreposez au frais.

Préparez les pommes de terre :
Faites cuire les pommes de terre 15 mn à la vapeur, sans mélanger les rondelles et les cubes. Elles doivent être juste cuites. Laissez refroidir et réservez les cubes au frais.

Préparez la tortilla :
Fouettez 6 œufs avec le reste du persil haché, du sel et du poivre. Huilez un moule à manqué et garnissez le fond des rondelles de pommes de terre. Couvrez de la préparation aux œufs et enfournez pour 20 mn à 200 °C. Laissez refroidir et placez au frais.

Préparez la soupe de maïs :
Faites revenir 1 oignon et 1 gousse d'ail hachés dans 20 g de beurre. Ajoutez 600 g de maïs cuit égoutté et faites revenir encore 5 mn. Versez 30 cl d'eau, 1 cube de bouillon de volaille et 40 cl de lait. Salez et poivrez. Laissez frémir 10 mn à feu moyen. Laissez refroidir et réservez au frais.

LUNDI 4

Tomates farcies au four

5 mn 40 mn

Placez les tomates farcies dans un plat à gratin. Ajoutez 5 g de beurre sur chaque chapeau et versez 1 petit verre d'eau au fond du plat. Enfournez pour 40 mn à 200 °C et arrosez régulièrement. Pendant ce temps, cuisez 250 g de riz selon les indications du paquet.

MARDI 5

Tortilla & salade verte

5 mn 5 mn

Faites griller 150 g de lardons fumés jusqu'à ce qu'ils soient croustillants. Sortez la tortilla du réfrigérateur et coupez-la en 8 parts. Servez froide ou réchauffée avec 1 salade verte parsemée de lardons et assaisonnée de 2 c. à s. d'huile d'olive, 1 c. à s. de vinaigre de vin et 1 c. à c. de moutarde.

MERCREDI 6

Soupe de maïs

10 mn 10 mn

Réchauffez la soupe de maïs sans la faire bouillir et mixez-la soigneusement. Rectifiez l'assaisonnement et ajoutez 2 c. à s. de crème fraîche et 2 pincées de piment. Servez avec 4 tranches de pain grillées surmontées de 4 tranches de jambon sec.

JEUDI 7

Salade de pommes de terre au saumon

10 mn 5 mn

Détaillez 4 pavés de saumon en dés. Faites griller à la poêle avec 1 c. à s. d'huile d'olive, 4 mn en remuant sans arrêt. Préparez une sauce avec 1 yaourt grec, le jus d'½ citron, la ciboulette hachée, du sel et du poivre. Mélangez aux 600 g de pommes de terre en cubes et aux dés de saumon.

VENDREDI 8

Victoire de 1945

Tarte aux asperges

10 mn 30 mn

Battez 4 œufs avec le contenu d'1 brique de crème liquide, 90 g de parmesan râpé, du sel et du poivre. Étalez 1 pâte brisée dans un plat à tarte, les asperges cuites coupées en deux et versez la préparation aux œufs. Enfournez pour 30 mn à 180 °C et servez avec 1 salade verte assaisonnée de 2 c. à s. d'huile d'olive, 1 c. à s. de vinaigre de vin et 1 c. à c. de moutarde.

ET AUSSI

MA LISTE de courses

LÉGUMES

1 kg de carottes
2 grosses aubergines
5 tomates
1 avocat
1 petit chou-fleur
½ botte de radis
200 g de pois gourmands
150 g de petits pois écossés
150 g de champignons de Paris
2 oignons, 3 gousses d'ail
1 cm de gingembre frais
½ citron

VIANDES ET POISSONS

400 g de bœuf haché
4 saucisses piquantes
4 tranches de jambon blanc

CRÈMERIE

125 g de parmesan râpé
135 g de beurre
10 cl de crème liquide

CONDIMENTS, HERBES ET ÉPICES

450 g de riz
4 tranches de pain
125 g de farine
1 petite boîte de double concentré de tomates
150 g de pois chiches cuits
1 cube de bouillon de volaille
½ morceau de sucre
1 bouquet de coriandre
Piment en poudre
Cumin, origan, curcuma
Herbes de Provence
Ail en semoule, moutarde
Huile d'olive, sel, poivre

SEMAINE DU 11 AU 15 MAI 2020

JOURNÉE BATCH COOKING

1 h 15
1 h 15

Préparez les légumes :

- Lavez, épluchez et coupez en dés 1 kg de carottes.
- Lavez 2 grosses aubergines.
- Lavez et coupez 5 tomates en morceaux.
- Lavez et détaillez 1 petit chou-fleur en fleurettes.
- Lavez, essuyez et émincez 150 g de champignons de Paris.
- Lavez, essuyez et coupez en rondelles ½ botte de radis. Réservez au frais.
- Lavez 200 g de pois gourmands et détaillez-les en tronçons.
- Épluchez et coupez 2 oignons en rondelles.
- Épluchez et hachez 3 gousses d'ail et 1 cm de gingembre frais.
- Lavez, triez et hachez 1 bouquet de coriandre.

Préparez le riz :
Faites cuire 450 g de riz selon les indications du paquet. Laissez complètement refroidir avant de réfrigérer.

Préparez les légumes à crumble :
Faites cuire les carottes et le chou-fleur 10 mn à la vapeur. Faites blanchir les pois gourmands et les petits pois 5 mn dans l'eau bouillante. Réservez 800 g de carottes et mélangez le reste à tous les légumes égouttés. Salez, poivrez et ajoutez la moitié de la coriandre hachée. Laissez refroidir et placez au frais.

Préparez la pâte à crumble :
Dans un saladier, travaillez rapidement 125 g de farine et 125 g de beurre très froid en lamelles. Ajoutez 125 g de parmesan râpé. Lorsque vous obtenez un sable grossier, formez une boule, filmez-la et placez-la au frais.

Préparez la soupe de carottes :
Faites suer dans une cocotte les rondelles d'1 oignon, 1 gousse d'ail et le gingembre hachés avec 2 c. à s. d'huile d'olive et 1 pincée de piment en poudre. Ajoutez 800 g de carottes cuites, 1 cube de bouillon de volaille et couvrez de 80 cl d'eau. Laissez frémir 20 mn. Laissez refroidir et placez au frais.

Préparez la sauce tomate :
Faites revenir les rondelles d'1 oignon et les gousses d'ail hachées avec 2 c. à s. d'huile d'olive pendant 5 mn. Ajoutez les tomates coupées, 1 petite boîte de double concentré de tomates, ½ morceau de sucre, 1 petit verre d'eau, du sel et du poivre. Laissez mijoter 20 mn. Laissez refroidir et placez au frais.

LUNDI
11

Crumble de printemps

10 mn — 25 mn

Dans un plat allant au four, versez les légumes pour crumble et ajoutez 10 cl de crème liquide. Émiettez par-dessus la pâte à crumble, puis enfournez pour 25 mn à 200 °C. Servez bien chaud et accompagné de 4 tranches de jambon blanc.

MARDI
12

Aubergines au four & sauce à la viande

15 mn — 20 mn

Coupez 2 aubergines en deux et entaillez-les en croisillons. Salez, poivrez et badigeonnez d'huile d'olive. Enfournez pour 20 mn à 180 °C. Pendant ce temps, faites revenir 400 g de bœuf haché dans 1 c. à s. d'huile d'olive pendant 5 mn. Ajoutez la moitié de la sauce tomate et chauffez encore 5 mn. Servez avec les demi-aubergines.

MERCREDI
13

Salade de riz composée

10 mn

Mélangez les champignons de Paris émincés, les rondelles de radis, 1 avocat coupé en dés, 150 g de pois chiches cuits égouttés et 200 g de riz cuit. Mélangez avec une vinaigrette faite de 4 c. à s. d'huile d'olive, le jus d'½ citron, 2 c. à c. de moutarde, 1 c. à c. d'eau, 1 pincée d'origan, du sel et du poivre.

JEUDI
14

Saucisses façon rougail & riz

5 mn — 20 mn

Réchauffez 250 g de riz avec 10 g de beurre. Pendant ce temps, faites revenir 4 saucisses piquantes dans 1 c. à s. d'huile d'olive pendant 5 mn. Ajoutez 1 c. à c. de curcuma, 1 pincée de piment en poudre et 1 pincée d'herbes de Provence. Versez le reste de la sauce tomate et réchauffez 15 mn.

VENDREDI
15

Soupe de carottes & croûtons à l'ail

10 mn — 20 mn

Coupez 4 tranches de pain en croûtons et mélangez-les avec 1 c. à s. d'huile d'olive et 1 c. à c. d'ail en semoule. Passez 10 mn au gril. Mixez la soupe de carottes avec 1 c. à c. de cumin puis réchauffez 10 mn à feu doux. Ajoutez le reste de coriandre hachée, salez, poivrez et servez.

ET AUSSI

MA LISTE de courses

LÉGUMES

1,5 kg de courgettes
1 kg de tomates
1 kg d'aubergines
500 g de carottes
500 g de pommes de terre
½ céleri-rave
1 oignon
2 gousses d'ail
2 salades vertes
1 citron
2 abricots secs
6 noix

VIANDES ET POISSONS

16 crevettes
150 g de lardons
8 tranches de bresaola

CRÈMERIE

5 œufs
60 g de mascarpone
60 g de ricotta
120 g de parmesan râpé
160 g d'emmental râpé
2 yaourts brassés nature
10 cl de lait

CONDIMENTS, HERBES ET ÉPICES

250 g de lentilles vertes
1 petite boîte de concentré de tomates
½ bouquet de persil
½ bouquet de menthe
1 c. à s. de farine
Curry, piment en poudre
Herbes de Provence, origan
Moutarde
Vinaigre de vin, huile d'olive
Gros sel, sel fin, poivre

SEMAINE DU 18 AU 22 MAI 2020

JOURNÉE BATCH COOKING

1 h 30
1 h 55

Préparez les légumes :
- Lavez et coupez 1,5 kg de courgettes en cubes.
- Lavez et coupez 1 kg de tomates en petits dés.
- Lavez 1 kg d'aubergines et coupez-les en tranches d'1 cm d'épaisseur. Saupoudrez de gros sel et faites dégorger 20 mn avant de les essuyer.
- Lavez, épluchez et râpez 500 g de carottes. Conservez-les au frais dans un récipient hermétique.
- Lavez et épluchez 500 g de pommes de terre. Râpez-en la moitié (à conserver au frais) et coupez le reste en gros morceaux.
- Lavez et râpez ½ céleri-rave et conservez-le au frais.
- Épluchez et hachez 1 oignon et 2 gousses d'ail.
- Lavez, essorez 2 salades vertes et conservez-les au frais avec une feuille d'essuie-tout.
- Lavez, triez et hachez ½ bouquet de persil et ½ bouquet de menthe.

Faites cuire les pommes de terre en gros morceaux 15 mn à la vapeur. Laissez refroidir et placez au frais.

Faites cuire 250 g de lentilles vertes selon les indications du paquet (elles doivent rester fermes). Laissez refroidir et placez au frais.

Faites cuire les courgettes en cubes 10 mn à la vapeur. Laissez refroidir et placez au frais.

Faites griller 150 g de lardons à la poêle pendant 5 mn. Laissez refroidir et placez au frais.

Préparez les aubergines *alla parmigiana* :
Dans une sauteuse, faites revenir l'oignon et les gousses d'ail hachés dans 2 c. à s. d'huile d'olive pendant 3 mn. Ajoutez les dés de tomates, 1 petite boîte de concentré de tomates, 1 pincée d'origan, 1 c. à s. de vinaigre de vin. Faites mijoter 20 mn. Pendant ce temps, faites cuire les tranches d'aubergines au four, 10 mn de chaque côté à 200 °C. Dans un plat à gratin, alternez des couches de sauce tomate, de parmesan râpé (120 g en tout) et de tranches d'aubergines, en finissant par le parmesan. Enfournez pour 30 mn à 180 °C. Laissez complètement refroidir avant de placer au frais.

Préparez une vinaigrette :
Fouettez ensemble 8 c. à s. d'huile d'olive, 2 c. à s. de vinaigre de vin, 1 c. à c. de moutarde, du sel et du poivre. Entreposez au frais dans un bocal.

46

LUNDI **18**

Grand rösti au four & salade verte

15 mn · 30 mn

Mélangez les pommes de terre râpées, la moitié des carottes râpées, les lardons grillés avec 80 g d'emmental râpé, 1 œuf, la moitié du persil haché, du sel et du poivre. Formez une grande galette épaisse d'1 cm et enfournez sur une plaque de cuisson pour 30 mn à 180 °C. Servez avec 1 salade verte et $1/3$ de la vinaigrette.

MARDI **19**

Salade de pommes de terre

10 mn

Mélangez les morceaux de pommes de terre, le reste de carottes râpées, le céleri-rave râpé, les lentilles cuites, 6 noix concassées, le reste du persil haché et 2 abricots secs émincés. Versez $1/3$ de la vinaigrette et mélangez bien.

MERCREDI **20**

Soupe froide de courgettes

10 mn

Mixez très finement les $2/3$ des cubes de courgettes à la vapeur avec 2 yaourts brassés nature, la menthe hachée, du sel, du poivre et 1 pincée de curry. Si besoin, ajoutez un peu d'eau. Servez la soupe bien froide et accompagnée d'1 filet d'huile d'olive.

JEUDI **21**

Aubergines *alla parmigiana* & crevettes

10 mn · 30 mn

Montez 4 brochettes avec 16 crevettes. Dans une poêle, faites-les revenir 10 mn dans 2 c. à s. d'huile d'olive avec 1 pincée d'herbes de Provence, du sel et du poivre. Ajoutez un filet de jus de citron. Servez avec les aubergines à la parmigiana chaudes (20 mn au four à 180 °C) ou froides.

Ascension

VENDREDI **22**

Flans aux courgettes et à la bresaola

15 mn · 25 mn

Mixez ensemble 4 œufs, le reste des cubes de courgettes à la vapeur, 60 g de mascarpone, 60 g de ricotta, 10 cl de lait, 1 c. à s. de farine, du sel et du piment en poudre. Versez dans un plat à gratin et ajoutez 80 g d'emmental râpé et 8 tranches de bresaola en morceaux. Enfournez pour 25 mn à 200 °C et servez avec 1 salade verte et le reste de la vinaigrette.

★ ET AUSSI ★

MA LISTE de courses

LÉGUMES

1,2 kg d'oignons
300 g de champignons
5 tomates
1 aubergine
2 carottes
2 salades vertes
1 gousse d'ail
6 noix

VIANDES ET POISSONS

800 g de lotte
250 g de calmars
4 fines escalopes de veau
24 fines rondelles de chorizo
2 tranches de jambon

CRÈMERIE

4 galettes de sarrasin
1 pâte brisée
8 œufs
200 g de bûche de chèvre
120 g d'emmental râpé
4 c. à s. de crème fraîche épaisse
10 cl de crème liquide
20 g de beurre

CONDIMENTS, HERBES ET ÉPICES

250 g de tagliatelles
250 g de riz
4 tranches de pain grillé
50 g d'olives noires
15 cl de vin blanc sec
1 c. à s. de sucre
Piment en poudre
Romarin, origan, curcuma, curry
Vinaigre de cidre
Moutarde
Huile d'olive, sel, poivre

SEMAINE DU 25 AU 29 MAI 2020

JOURNÉE BATCH COOKING

1 h
1 h 10

Préparez les légumes :
- Épluchez 1,2 kg d'oignons et coupez-les en rondelles.
- Lavez, essuyez et hachez 300 g de champignons.
- Lavez et coupez 5 tomates et 1 aubergine en morceaux.
- Lavez, épluchez et râpez finement 2 carottes.
- Lavez et essorez 2 salades vertes. Entreposez-les au réfrigérateur avec une feuille d'essuie-tout.
- Épluchez et hachez 1 gousse d'ail.

Préparez le confit d'oignons :
Faites fondre 1 kg d'oignons dans 2 c. à s. d'huile d'olive pendant 10 mn jusqu'à ce qu'ils soient translucides et dorés. Ajoutez 1 c. à s. de sucre, du sel, du poivre et 3 pincées de romarin. Couvrez et laissez cuire 15 mn à feu doux. Laissez refroidir et placez au frais.

Préparez les paupiettes :
Dans une sauteuse, faites fondre 100 g d'oignons dans 2 c. à s. d'huile d'olive, du sel et du poivre. Ajoutez les champignons hachés et les carottes râpées. Faites cuire 10 mn. Étalez cette farce au centre de 4 fines escalopes de veau. Enroulez et ficelez pour former des paupiettes. Laissez refroidir et placez au frais.

Préparez les calmars :
Dans une cocotte, faites fondre 100 g d'oignons avec la gousse d'ail hachée dans 2 c. à s. d'huile d'olive. Ajoutez les morceaux de tomates et d'aubergine, 50 g d'olives noires grossièrement hachées, 250 g de calmars en rondelles, 1 pincée de piment en poudre, ½ c. à c. d'origan et du sel. Couvrez et laissez mijoter 20 mn. Laissez refroidir et placez au frais.

Préparez les brochettes de lotte et de chorizo :
Coupez 800 g de lotte en petits tronçons. Sur 8 piques à brochettes, alternez les morceaux de lotte et 24 fines rondelles de chorizo (3 par pique). Badigeonnez généreusement d'un mélange d'huile d'olive, de sel, de poivre, de 2 pincées de curcuma et de 2 pincées de curry. Placez dans un récipient hermétique au frais.

Préparez une vinaigrette :
Fouettez ensemble 8 c. à s. d'huile d'olive, 2 c. à s. de vinaigre de cidre, 1 c. à c. de moutarde, du sel et du poivre. Entreposez dans un bocal au frais.

LUNDI
25

Paupiettes de veau & tagliatelles

5 mn 35 mn

Faites dorer les 4 paupiettes dans une sauteuse avec 2 c. à s. d'huile d'olive de tous les côtés pendant 5 mn. Déglacez avec 15 cl de vin blanc sec et ajoutez 4 c. à s. de crème fraîche épaisse. Couvrez et laissez mijoter 20 mn. Faites cuire 250 g de tagliatelles selon les indications du paquet.

MARDI
26

Brochettes de lotte et de chorizo

5 mn 20 mn

Faites cuire 250 g de riz selon les indications du paquet. Placez les brochettes avec leur marinade dans une poêle et faites dorer 5 mn à feu vif. Puis baissez le feu et poursuivez la cuisson 5 mn. Servez les brochettes avec le riz.

MERCREDI
27

Tarte au confit d'oignons

10 mn 25 mn

Étalez 1 pâte brisée dans un plat à tarte. Répartissez 800 g de confit d'oignons et émiettez 200 g de bûche de chèvre tranchée par-dessus. Ajoutez 6 noix concassées et enfournez pour 25 mn à 200 °C. Servez chaud, accompagné d'1 salade verte et de la moitié de la vinaigrette.

JEUDI
28

Œufs au four & calmars sautés

10 mn 20 mn

Dans un plat à gratin, versez la sauce tomate et les calmars et réchauffez 10 mn à 140 °C. Sortez le plat du four et cassez-y 4 œufs. Arrosez de 10 cl de crème liquide. Enfournez à nouveau pour 10 mn à 150 °C. Servez avec 4 tranches de pain grillées, beurrées et taillées en mouillettes.

VENDREDI
29

Galettes de sarrasin complètes

15 mn 20 mn

À la poêle, faites fondre 5 g de beurre. Déposez 1 galette de sarrasin, étalez au centre 50 g de confit d'oignons, ½ tranche de jambon, 30 g d'emmental râpé et 1 œuf. Rabattez en chausson et laissez cuire 5 mn. Répétez avec 3 autres galettes et servez avec 1 salade verte et le reste de la vinaigrette.

ET AUSSI

49

MA LISTE de courses

LÉGUMES

2 betteraves crues
4 aubergines
4 courgettes
7 tomates
1 petit piment fort
150 g de champignons
2 oignons
1 échalote
6 gousses d'ail
1 salade verte
1 citron

VIANDES ET POISSONS

1,4 kg de coques fraîches
16 petites tranches de chorizo
4 tranches de jambon blanc braisé

CRÈMERIE

4 œufs
2 yaourts grecs
80 g de feta
4 c. à s. de crème fraîche

CONDIMENTS, HERBES ET ÉPICES

300 g de spaghettis
150 g de pois chiches cuits
40 g de pignons de pin
4 tranches de pain grillé
1 petite boîte de tomates pelées au jus
1 bouquet de persil plat
Piment en poudre
Herbes de Provence
Moutarde
15 cl de vin blanc
Vinaigre de cidre
Vinaigre balsamique
Huile d'olive
Sel, poivre

SEMAINE DU 1ER AU 5 JUIN 2020

JOURNÉE BATCH COOKING

1 h 10
2 h

Préparez les légumes :
• Lavez et coupez 4 aubergines et 4 courgettes en petits cubes.
• Lavez 7 tomates et coupez-en 5 en morceaux.
• Lavez et émincez 1 petit piment fort en lanières.
• Lavez, essuyez et coupez 150 g de champignons en morceaux.
• Épluchez et coupez 2 oignons en rondelles.
• Épluchez et hachez 1 échalote et 6 gousses d'ail.
• Lavez et essorez 1 salade verte. Entreposez-la au frais avec une feuille d'essuie-tout.
• Lavez, triez et hachez 1 bouquet de persil plat, puis réservez au frais.

Faites griller à sec 40 g de pignons de pins et hachez-les grossièrement. Laissez refroidir complètement et placez à l'abri de la lumière dans un récipient hermétique.

Préparez les betteraves :
Rincez et brossez 2 betteraves crues et essuyez-les sans les peler. Enrobez-les de papier aluminium et enfournez pour 1 h à 180 °C. Laissez refroidir et placez au frais dans un récipient hermétique.

Préparez les légumes mijotés :
Dans une cocotte, faites revenir les rondelles d'oignons et 2 gousses d'ail hachées dans 2 c. à s. d'huile d'olive pendant 5 mn. Ajoutez les aubergines et les ¾ des courgettes en cubes, les morceaux de tomates et 1 petite boîte de tomates pelées au jus. Assaisonnez d'1 c. à c. d'herbes de Provence, d'1 c. à s. de vinaigre balsamique, de sel et de poivre. Couvrez et faites mijoter 45 mn à feu doux. Laissez refroidir et placez au frais.

Préparez la sauce des spaghettis aux coques :
Placez dans un bol 4 gousses d'ail hachées avec 4 c. à s. d'huile d'olive, les zestes d'1 citron rincé (conservez le citron au frais), les lanières de piment et la moitié du persil haché. Filmez et placez au frais.

Préparez les champignons marinés :
Dans un bol, mélangez 3 c. à s. d'huile d'olive, l'échalote hachée, le jus d'½ citron, 1 c. à c. de moutarde, du sel et du poivre. Versez sur les champignons émincés et mélangez bien. Placez au frais dans un récipient hermétique.

Préparez la vinaigrette :
Fouettez ensemble 4 c. à s. d'huile d'olive, 2 c. à s. de vinaigre de cidre, 1 c. à c. de moutarde, du sel et du poivre. Gardez au frais dans un bocal.

LUNDI 1

Lundi de Pentecôte

Légumes mijotés & jambon blanc

5 mn 15 mn

Réchauffez la moitié du mijoté de légumes 15 mn à feu doux. Rectifiez l'assaisonnement et servez avec 4 tranches de jambon blanc braisé déposées sur 4 tranches de pain grillé. Vous pouvez aussi déguster les légumes froids.

MARDI 2

Spaghettis aux coques

10 mn 20 mn

Faites cuire 300 g de spaghettis selon les indications du paquet. Dans une poêle, faites revenir 5 mn la sauce au piment. Ajoutez 1,4 kg de coques fraîches et nettoyées, couvrez 2 mn et laissez-les s'ouvrir. Versez 15 cl de vin blanc, laissez évaporer 2 mn et servez avec les pâtes.

MERCREDI 3

Flans aux légumes et au chorizo

10 mn 25 mn

Mélangez 4 œufs, 4 c. à s. de crème fraîche et 3 c. à s. de persil haché avec le reste du mijoté de légumes et 16 petites tranches de chorizo en lanières. Placez dans des petits moules à muffins huilés et enfournez pour 25 mn à 180 °C. Servez avec 1 salade verte et la moitié de la vinaigrette.

JEUDI 4

Salade composée

10 mn

Dans 4 assiettes, répartissez 1 courgette et 2 tomates en petits dés, 150 g de pois chiches cuits rincés, les champignons et leur marinade. Arrosez du reste de vinaigrette et d'1 c. à s. de persil haché. Parsemez des pignons grillés.

VENDREDI 5

Soupe froide de betteraves

15 mn

Pelez et coupez les betteraves rôties en dés. Ajoutez 2 yaourts grecs, 1 c. à s. d'huile d'olive, le reste de persil haché, le jus d'½ citron, 1 pincée de piment en poudre et mixez finement. Si besoin, ajoutez un peu d'eau et servez bien froid avec 80 g de feta émiettée.

ET AUSSI

MA LISTE de courses

LÉGUMES

800 g de haricots verts
400 g de pommes de terre
6 tomates
4 poivrons rouges
2 petits concombres
2 carottes
1 salade verte
1 oignon, 5 gousses d'ail
2 citrons

VIANDES ET POISSONS

800 g de sardines préparées
300 g de bœuf haché
4 blancs de poulet

CRÈMERIE

6 œufs, 1 yaourt grec
120 g de beaufort
90 g de parmesan râpé
10 cl de crème liquide, 10 g de beurre

CONDIMENTS, HERBES ET ÉPICES

250 g de riz
4 tranches de pain grillées
50 g de chapelure
1 c. à s. de graines de sésame
12 olives vertes dénoyautées
1 bouquet de persil
1 bouquet de ciboulette
5 feuilles de menthe
1 c. à s. de sauce soja
1 c. à c. de sucre
Piment en poudre
Herbes de Provence
Moutarde
Vinaigre blanc, vinaigre de cidre
Huile d'olive, sel, poivre
4 glaçons

SEMAINE DU 8 AU 12 JUIN 2020

JOURNÉE BATCH COOKING

1 h 20
45 mn

Préparez les légumes :
- Lavez, coupez en deux et évidez 4 poivrons rouges.
- Lavez, équeutez et coupez en deux 800 g de haricots verts.
- Lavez, épluchez et coupez 2 carottes en dés et 400 g de pommes de terre en morceaux.
- Lavez et coupez 2 tomates en rondelles, 2 en cubes et 2 en petits dés.
- Lavez et coupez 2 petits concombres en morceaux.
- Lavez 1 salade verte et entreposez-la au frais avec une feuille d'essuie-tout.
- Épluchez et hachez 1 oignon et 5 gousses d'ail.
- Lavez et coupez 1 citron en fines rondelles.
- Lavez, triez et hachez 1 bouquet de persil, 1 bouquet de ciboulette et 5 feuilles de menthe, sans les mélanger.

Faites cuire les haricots verts 10 mn à la vapeur.

Faites cuire les pommes de terre 15 mn à la vapeur.

Faites cuire 4 œufs durs 10 mn dans une casserole d'eau bouillante avec 1 c. à s. de vinaigre blanc.

Faites cuire 250 g de riz selon les indications du paquet et égouttez. Laissez tout refroidir complètement avant de placer au frais.

Préparez la base de la soupe de concombres :
Mixez finement les morceaux de concombres, la menthe hachée, 2 glaçons, la moitié de la ciboulette (conservez le reste au frais), le jus d'½ citron et 3 gousses d'ail hachées. Entreposez au réfrigérateur.

Préparez les sardines :
Badigeonnez généreusement 800 g de sardines préparées d'un mélange de 4 c. à s. d'huile d'olive, du jus d'½ citron, d'1 pincée de piment en poudre et de 2 c. à c. d'herbes de Provence. Dans un plat allant au four, faites un lit de rondelles de citron, recouvrez des rondelles de tomates et disposez les sardines avec leur marinade. Filmez et réservez au frais.

Préparez les poivrons farcis :
Mélangez 300 g de bœuf haché avec les gros cubes de tomates, l'oignon et les 2 autres gousses d'ail hachées, le persil haché, 50 g de chapelure, du sel et du poivre. Farcissez les demi-poivrons et placez au frais.

Préparez la vinaigrette :
Fouettez ensemble 8 c. à s. d'huile d'olive, 2 c. à s. de vinaigre de cidre, 1 c. à c. de moutarde, du sel et du poivre. Gardez au frais dans un bocal.

LUNDI 8

Sardines au four & pommes de terre

10 mn 20 mn

Sortez et découvrez le plat de sardines, puis ajoutez-y les pommes de terre cuites. Salez, poivrez et arrosez le tout de la marinade du plat. Enfournez pour 20 mn à 180 °C et servez avec ½ salade verte et ¼ de la vinaigrette.

MARDI 9

Haricots verts en salade

10 mn

Mélangez la moitié des haricots verts, les petits dés de tomates, le riz cuit, 12 olives vertes dénoyautées, les œufs durs écalés, 120 g de beaufort coupé en dés et ½ salade verte en lanières. Répartissez dans 4 assiettes et arrosez de la moitié de la vinaigrette restante.

MERCREDI 10

Soupe de concombres aux herbes fraîches

10 mn

Sortez la soupe de concombres du réfrigérateur et mixez-la finement avec 1 yaourt grec, 10 cl de crème liquide et 2 glaçons. Salez, poivrez. Ajoutez le reste de ciboulette hachée au moment de servir avec 4 tranches de pain grillées.

JEUDI 11

Fricassée de poulet aux haricots verts

10 mn 15 mn

Détaillez 4 blancs de poulet en lanières et faites dorer 5 mn dans 10 g de beurre. Ajoutez le reste des haricots verts, les petits dés de carottes, 1 c. à s. de graines de sésame, 1 c. à c. de sucre, 1 c. à s. de sauce soja et 1 pincée de piment en poudre. Faites sauter 10 mn et servez.

VENDREDI 12

Poivrons farcis

5 mn 45 mn

Battez 2 œufs et répartissez-les dans les 4 poivrons farcis. Mélangez à la fourchette pour assouplir la farce et enfournez pour 35 mn à 200 °C. Quand ils sont dorés, saupoudrez de 90 g de parmesan râpé et poursuivez la cuisson 10 mn. Servez avec le reste de la salade et de la vinaigrette.

ET AUSSI

MA LISTE de courses

LÉGUMES

1,5 kg de carottes
1 brocoli
1 céleri
1 courgette
2 tomates
1 avocat
1 oignon, 1 gousse d'ail
1 salade verte
4 poignées de roquette
1 orange, ½ citron
50 g de noisettes

VIANDES ET POISSONS

8 tranches de jambon blanc

CRÈMERIE

2 œufs
1 pâte à pizza
90 g de fromage de chèvre sec
3 c. à s. de fromage frais fouetté
3 c. à s. de crème fraîche
10 cl de crème liquide

CONDIMENTS, HERBES ET ÉPICES

250 g de quinoa
250 g de lentilles corail
250 g de nouilles chinoises
4 pitas
4 tomates confites
8 olives noires
1 c. à s. de sauce soja
1 bouquet de coriandre
1 cube de bouillon de volaille
1 morceau de sucre
1 c. à s. de graines de cumin
Piment en poudre, paprika
Moutarde, vinaigre de vin
Huile d'olive, sel, poivre

SEMAINE DU 15 AU 19 JUIN 2020

JOURNÉE BATCH COOKING

1 h

1 h 20

Préparez les légumes :

- Lavez, épluchez et coupez 1,5 kg de carottes en rondelles.
- Lavez et détaillez 1 brocoli en fleurettes.
- Lavez et essorez 1 salade verte. Entreposez-la au frais avec une feuille d'essuie-tout.
- Lavez, épluchez et râpez 1 céleri. Arrosez d'un peu de jus de citron pour éviter l'oxydation et placez la moitié au frais.
- Lavez et coupez 1 courgette en rondelles et 2 tomates en petits dés. Réservez au frais dans un récipient hermétique.
- Épluchez et taillez 1 oignon en rondelles.
- Épluchez et hachez 1 gousse d'ail.
- Lavez, triez et hachez 1 bouquet de coriandre.

Faites cuire 250 g de quinoa, 250 g de lentilles corail et 250 g de nouilles chinoises selon les indications des paquets. Laissez refroidir et placez au frais.

Faites cuire 1 kg de carottes 15 mn à la vapeur. Elles doivent être cuites, mais pas molles. Laissez refroidir.

Préparez la salade de carottes :
Faites griller à sec 1 c. à s. de graines de cumin jusqu'à ce qu'elles soient odorantes, puis débarrassez dans un bol. Ajoutez et mélangez avec la gousse d'ail hachée, 4 c. à s. d'huile d'olive, ½ c. à c. de paprika, 1 pincée de piment en poudre, du sel et du poivre. Mélangez à la moitié des carottes cuites et placez au frais.

Préparez la soupe de carottes :
Faites suer l'oignon dans une cocotte avec 2 c. à s. d'huile d'olive. Ajoutez les rondelles de carottes crues, la moitié du céleri râpé et 1 morceau de sucre. Faites revenir encore 5 mn. Couvrez d'eau avec 1 cube de bouillon de volaille, du sel, du poivre et laissez frémir 20 mn. Laissez refroidir et placez au frais.

Préparez la mousse de jambon :
Mixez 4 tranches de jambon blanc avec 3 c. à s. de fromage frais fouetté, ⅓ de la coriandre hachée, du sel et du poivre. Placez au frais.

LUNDI 15

Pitas à la mousse de jambon

15 mn · 5 mn

Faites tiédir 4 pitas et ouvrez-les d'un seul côté. Répartissez-y les lamelles d'1 avocat, la mousse de jambon, 4 tomates confites émincées et 4 poignées de roquette. Servez avec ½ salade verte assaisonnée de 2 c. à s. d'huile d'olive, 1 c. à s. de vinaigre de vin, 1 c. à c. de moutarde et de poivre.

MARDI 16

Salade de carottes, de quinoa et de lentilles

10 mn

Mélangez la salade de carottes vapeur avec le quinoa cuit, les lentilles corail cuites, le reste de céleri râpé, ½ salade verte en lanières, 50 g de noisettes concassées et ⅓ de la coriandre hachée. Arrosez de 2 c. à s. d'huile d'olive, 1 c. à s. de vinaigre de vin, 1 c. à c. de moutarde, de sel et de poivre.

MERCREDI 17

Nouilles sautées aux carottes et au brocoli

5 mn · 15 mn

Faites revenir les fleurettes du brocoli 5 mn dans une poêle avec 3 c. à s. d'huile d'olive. Ajoutez le reste des carottes vapeur et faites cuire 5 mn avec 1 c. à s. de sauce soja. Ajoutez les nouilles cuites et 2 œufs. Faites cuire en remuant jusqu'à la prise des œufs. Servez avec le reste de coriandre hachée.

JEUDI 18

Pizza minute

10 mn · 20 mn

Étalez 1 pâte à pizza sur la plaque du four. Répartissez un mélange de 3 c. à s. de crème fraîche et d'1 c. à s. de moutarde, puis les dés de tomates, les rondelles de courgette, 8 olives noires et 4 tranches de jambon émincées. Enfournez pour 20 mn à 180 °C.

VENDREDI 19

Soupe froide de carottes

10 mn

Sortez la soupe de carottes du réfrigérateur et mixez-la avec 10 cl de crème liquide. Ajoutez le jus d'1 orange. Rectifiez l'assaisonnement et servez bien frais, avec 90 g de fromage de chèvre sec émietté.

ET AUSSI

MA LISTE de courses

LÉGUMES

5 petites courgettes
6 poivrons
4 tomates
2 avocats
400 g de petits pois écossés
2 oignons
3 gousses d'ail
1 salade
½ citron

VIANDES ET POISSONS

4 blancs de poulet
4 fines escalopes de veau
4 tranches de jambon de Parme
150 g de lardons fumés
4 pavés de colin

CRÈMERIE

11 œufs, 1 pâte brisée
4 tranches d'emmental
120 g d'emmental râpé
3 c. à s. de fromage frais fouetté
30 cl de crème liquide
20 g de beurre

CONDIMENTS, HERBES ET ÉPICES

250 g de riz
4 tranches de pain
8 galettes de maïs
400 g de pois chiches cuits
16 olives noires
2 c. à s. de tahini (purée de sésame)
5 feuilles de sauge
1 morceau de sucre
Paprika fumé, piment en poudre
Cumin, herbes de Provence
Vinaigre balsamique
Huile d'olive, sel, poivre

SEMAINE DU 22 AU 26 JUIN 2020

JOURNÉE BATCH COOKING

1 h 20

1 h

Préparez les légumes :
- Lavez et coupez 5 petites courgettes en petits cubes, 6 poivrons évidés en lanières et 4 tomates en morceaux.
- Épluchez et coupez 2 oignons en rondelles.
- Épluchez et hachez 3 gousses d'ail.
- Lavez et essorez 1 salade et conservez-la au frais avec une feuille d'essuie-tout.

Faites blanchir 400 g de petits pois écossés 5 mn dans l'eau bouillante, jusqu'à ce qu'ils soient tendres. Laissez refroidir et placez au frais.

Préparez la fondue de courgettes :
Faites revenir les rondelles d'1 oignon dans 2 c. à s. d'huile d'olive pendant 3 mn. Ajoutez les petits cubes de courgettes et faites-les dorer 10 mn. Baissez le feu, couvrez et laissez mijoter 20 mn. Ajoutez 120 g d'emmental râpé, 10 cl de crème liquide, salez et poivrez. Laissez refroidir et placez au frais.

Préparez les poivrons sautés :
Dans une cocotte, faites revenir 1 oignon en rondelles et 2 gousses d'aïl hachées dans 2 c. à s. d'huile d'olive. Ajoutez les lanières de poivrons, ½ c. à c. de paprika fumé, 1 c. à c. d'herbes de Provence, 1 morceau de sucre et faites sauter 5 mn. Ajoutez les morceaux de tomates, 16 olives noires, 1 c. à s. de vinaigre balsamique, du sel et du poivre. Faites cuire encore 10 mn à couvert. Laissez refroidir et placez au frais.

Préparez les *saltimbocca* :
Disposez sur 4 fines escalopes de veau 4 tranches de jambon de Parme et 4 tranches d'emmental. Roulez-les bien serrées et maintenez-les à l'aide de cure-dents. Filmez et placez au frais.

Préparez la tartinade d'avocat :
Dans un bol, écrasez 1 avocat avec 3 c. à s. de fromage frais fouetté, 1 pincée de piment en poudre, du sel et du poivre. Filmez pour éviter l'oxydation et placez au frais.

Préparez le houmous :
Dans le bol d'un mixeur, placez 400 g de pois chiches rincés, 2 c. à s. de tahini (purée de sésame), le jus d'½ citron, 1 gousse d'ail hachée, 1 c. à c. de cumin, du sel et du poivre. Ajoutez en mixant 5 c. à s. d'huile d'olive en filet. Placez au frais dans un récipient hermétique.

LUNDI
22

Œufs à la coque & mouillettes d'avocat

10 mn — 5 mn

Plongez 8 œufs dans une eau vinaigrée frémissante et faites bouillir 3 mn pour obtenir des œufs à la coque. Passez-les sous l'eau froide pour stopper la cuisson et cassez les sommets. Tartinez 4 tranches de pain grillées de la tartinade d'avocat, saupoudrez d'1 pincée de piment et détaillez-les en mouillettes.

MARDI
23

Fondue de courgettes & *saltimbocca*

5 mn — 30 mn

Réchauffez la fondue de courgettes 10 mn à feu doux. Faites fondre 20 g de beurre à la poêle avec 5 feuilles de sauge. Ajoutez les 4 *saltimbocca* et faites dorer 5 mn de tous les côtés. Baissez le feu et poursuivez la cuisson 15 mn. Servez avec la fondue.

MERCREDI
24

Wraps de poulet, de houmous et de poivrons

15 mn — 10 mn

Faites sauter 4 blancs de poulet en lanières 10 mn avec 2 c. à s. d'huile d'olive, 1 c. à c. de paprika fumé, du sel et du poivre. Au centre de 8 galettes de maïs, étalez 1 c. à s. de houmous, 1 c. à s. de poulet, les lamelles d'1 avocat et ½ c. à s. de poivrons sautés. Roulez les galettes en wraps et dégustez.

JEUDI
25

Poivrons sautés & pavés de colin

5 mn — 30 mn

Faites cuire 250 g de riz selon les indications du paquet. Placez le reste des poivrons sautés à la tomate dans une cocotte et réchauffez 5 mn à feu doux. Ajoutez 4 pavés de colin, couvrez et laissez cuire 15 mn. Salez, poivrez et servez.

VENDREDI
26

Tarte aux petits pois

10 mn — 25 mn

Faites griller 150 g de lardons fumés 5 mn à la poêle. Étalez 1 pâte brisée dans un plat à tarte. Répartissez les petits pois cuits et les lardons. Fouettez 3 œufs avec 20 cl de crème liquide, du sel et du poivre. Versez sur la tarte et enfournez pour 20 mn à 200 °C. Servez avec 1 salade verte assaisonnée de 2 c. à s. d'huile d'olive, 1 c. à s. de vinaigre balsamique, du sel et du poivre.

ET AUSSI

MA LISTE de courses

LÉGUMES

8 poivrons rouges
8 tomates
500 g d'épinards frais
300 g de haricots verts
1 oignon
6 gousses d'ail
3 salades vertes
½ citron

VIANDES ET POISSONS

4 pavés de saumon
4 tranches de jambon sec

CRÈMERIE

8 œufs
1 yaourt grec
300 g de ricotta
270 g de parmesan râpé

CONDIMENTS, HERBES ET ÉPICES

500 g de riz
20 grosses conchiglie
4 grandes tranches de pain
2 petites boîtes de thon au naturel
140 g de maïs cuit
40 cl de coulis de tomates
50 g de chapelure
50 g de pignons de pin
10 brins de ciboulette
1 morceau de sucre
Piment en poudre
Épices tandoori
Curry
Paprika
Moutarde
Vinaigre balsamique
Huile d'olive
Sel, poivre

SEMAINE DU 29 JUIN AU 3 JUILLET 2020

JOURNÉE BATCH COOKING

50 mn
2 h

Préparez les légumes :

- Lavez 8 poivrons rouges, coupez-les en deux et évidez-les.
- Lavez 8 tomates, coupez-les en morceaux et épépinez-les.
- Lavez 500 g d'épinards frais.
- Lavez et équeutez 300 g de haricots verts.
- Épluchez et pressez 6 gousses d'ail.
- Épluchez et taillez 1 oignon en rondelles.
- Lavez et hachez 10 brins de ciboulette.
- Lavez 3 salades vertes et conservez-les au frais dans un récipient hermétique.

Hachez 50 de pignons de pin et conservez-les dans un bocal à l'abri de la lumière.

Faites cuire 300 g de haricots verts 15 mn dans l'eau bouillante en même temps que 2 œufs. Égouttez, laissez refroidir et placez au frais séparément.

Préparez les poivrons :
Placez les 16 demi-poivrons très haut sur la grille du four, peau vers l'extérieur, et laissez cuire 40 mn à 210 °C (la peau doit noircir). Sortez-les du four et placez-les dans un sac plastique. Fermez-le jusqu'à complet refroidissement et ôtez la peau des poivrons. Coupez-les en larges lanières.

Préparez la salade méchouia :
Faites sauter les morceaux de tomates dans 2 c. à s. d'huile d'olive pendant 5 mn. Ajoutez 4 gousses d'ail pressées, 1 pincée de piment en poudre, ½ c. à c. de paprika et laissez cuire 10 mn à couvert. Ajoutez les lanières de poivrons et poursuivez la cuisson 10 mn. Laissez refroidir et réservez au frais.

Préparez les conchiglie farcis :
Faites cuire 20 conchiglie *al dente* selon les indications du paquet. Laissez refroidir. Faites sauter les épinards 5 mn à la poêle dans 1 c. à s. d'huile d'olive. Dans un saladier, fouettez 2 œufs, 300 g de ricotta, 90 g de parmesan râpé, du sel et du poivre. Mélangez aux épinards, farcissez les pâtes et entreposez au frais dans un plat à gratin.

Préparez la sauce tomate :
Dans une sauteuse, faites revenir les rondelles d'oignon et 2 gousses d'ail pressées avec 2 c. à s. d'huile d'olive. Ajoutez 40 cl de coulis de tomates, 1 morceau de sucre, du sel et du poivre et laissez frémir 20 mn. Laissez refroidir et placez au frais.

Préparez le saumon :
Mélangez dans un bol 4 c. à s. d'huile d'olive, 2 c. à c. d'épices tandoori, 1 c. à c. de curry, du sel et du poivre. Badigeonnez 4 pavés de saumon de cette marinade et réservez au frais.

58

RECETTES POUR 4 PERSONNES

LUNDI **29**

Saumon tandoori & riz

5 mn · 20 mn

Faites cuire 500 g de riz selon les indications du paquet et réservez la moitié (refroidie) au frais. Faites griller les pavés de saumon marinés 2 mn à la poêle. Couvrez et poursuivez la cuisson 5 mn jusqu'à ce que le poisson soit cuit. Fouettez 1 yaourt grec avec le jus d'½ citron et la ciboulette hachée. Servez le saumon avec le riz et la sauce.

MARDI **30**

Conchiglie farcies aux épinards

10 mn · 25 mn

Sortez les conchiglie farcies et versez la sauce tomate. Parsemez de 50 g de chapelure et des pignons de pin hachés. Enfournez pour 25 mn à 180 °C et servez avec 1 salade verte assaisonnée de 2 c. à s. d'huile d'olive, 1 c. à s. de vinaigre balsamique, du sel et du poivre.

MERCREDI **1**

Tartines à la méchouia

10 mn · 5 mn

Faites griller 4 grandes tranches de pain 5 mn au four et tartinez-les de la moitié de la salade méchouia. Recouvrez de 90 g de parmesan râpé et de 4 tranches de jambon sec. Servez avec 1 salade verte assaisonnée de 2 c. à s. d'huile d'olive, 1 c. à s. de vinaigre balsamique, du sel et du poivre.

JEUDI **2**

Salade de riz

15 mn

Écalez les 2 œufs durs et coupez-les en quatre. Émiettez 2 petites boîtes de thon au naturel. Égouttez 140 g de maïs cuit. Coupez les haricots verts cuits en tronçons. Mélangez avec le reste de riz cuit et une vinaigrette faite de 5 c. à s. d'huile, 2 c. à s. de vinaigre balsamique, 1 c. à c. de moutarde, du sel et du poivre.

VENDREDI **3**

Œufs cocottes aux poivrons

10 mn · 20 mn

Dans quatre petites cocottes, disposez un lit de méchouia. Cassez-y 4 œufs et recouvrez de méchouia. Ajoutez 90 g de parmesan râpé et enfournez pour 20 mn à 180 °C. Servez avec 1 salade assaisonnée de 2 c. à s. d'huile d'olive, 1 c. à s. de vinaigre balsamique, 1 c. à c. de moutarde, du sel et du poivre.

ET AUSSI

MA LISTE de courses

LÉGUMES

1,2 kg de courgettes
5 tomates
2 avocats
1 brocoli
2 carottes
5 oignons
6 gousses d'ail
1 cm de gingembre frais
1 petit piment
½ grenade
1 citron
8 noix

VIANDES ET POISSONS

8 côtes d'agneau
4 pavés de colin
16 grosses crevettes crues

CRÈMERIE

6 œufs
150 g de feta
10 cl de crème liquide
20 g de beurre

CONDIMENTS, HERBES ET ÉPICES

300 g de lentilles vertes
250 g de boulgour
8 tranches de pain
20 cl de crème de coco
1 bouquet de coriandre
½ bouquet de persil
1 c. à c. de sucre
Piment en poudre
Paprika, curry
Moutarde
Vinaigre de vin, vinaigre de cidre
Huile de noix, huile d'olive
Sel, poivre

SEMAINE DU 6 AU 10 JUILLET 2020

JOURNÉE BATCH COOKING

1 h
1 h 25

Préparez les légumes et les fruits :

- Lavez et coupez en morceaux 1,2 kg de courgettes et 5 tomates.
- Lavez et détaillez 1 brocoli en fleurettes.
- Lavez, épluchez et coupez 2 carottes en fines lamelles.
- Épluchez et coupez 5 oignons en morceaux.
- Épluchez et hachez 6 gousses d'ail. Réservez-en 5 dans un bocal au frais.
- Pelez et hachez 1 cm de gingembre frais et réservez dans un bocal au frais.
- Lavez, triez et hachez 1 bouquet de coriandre et ½ bouquet de persil.
- Lavez et émincez 1 petit piment.
- Ouvrez 1 grenade et prélevez la moitié de ses grains. Réservez au frais.

Faites cuire 300 g de lentilles vertes selon les indications du paquet en prenant soin de les garder fermes. Laissez refroidir et placez au frais.
Faites cuire 250 g de boulgour selon les indication du paquet. Laissez refroidir et placez au frais.

Préparez une fondue de légumes :
Dans une sauteuse, faites fondre les 5 oignons avec 3 c. à s. d'huile d'olive jusqu'à coloration. Déglacez avec 1 c. à s. de vinaigre de vin et 1 c. à c. de sucre. Ajoutez les morceaux de tomates et de courgettes, 1 pincée de piment en poudre et du sel. Couvrez et laissez compoter 45 mn à feu doux. Laissez refroidir et mettez au frais.

Préparez les légumes pour le curry :
Faites précuire les fleurettes de brocoli avec les lamelles de carottes 5 mn dans un panier vapeur. Laissez refroidir et placez au frais.

Préparez les crevettes :
Dans un bol, mélangez 4 c. à s. d'huile d'olive, 1 petit piment émincé, 1 gousse d'ail hachée, ⅓ de la coriandre hachée et ½ c. à c. de paprika. Versez sur 16 grosses crevettes crues décortiquées. Placez au frais dans un récipient hermétique.

Préparez la vinaigrette :
Faites une vinaigrette en fouettant 4 c. à s. d'huile de noix, 1 c. à s. de vinaigre de cidre, 1 c. à c. de moutarde, du sel et du poivre. Gardez au frais dans un bocal.

LUNDI
6

Tartines aux avocats et aux crevettes

10 mn 10 mn

Faites sauter les crevettes marinées 5 mn dans une poêle chaude. Salez et poivrez. Faites griller 8 tranches de pain 5 mn au four et étalez 2 avocats grossièrement écrasés. Répartissez les crevettes, saupoudrez d'⅓ de coriandre hachée et arrosez avec le jus d'½ citron.

MARDI
7

Côtes d'agneau & fondue de légumes

5 mn 15 mn

Dans une poêle, faites sauter 8 côtes d'agneau dans 20 g de beurre des deux côtés pendant 5 mn. Ajoutez 3 gousses d'ail hachées et le persil haché et laissez mijoter 10 mn. Arrosez du jus d'½ citron et servez avec la moitié de la fondue de légumes froide ou chaude.

MERCREDI
8

Curry de poisson à l'indienne

10 mn 25 mn

Dans une sauteuse, versez 2 c. à s. d'huile d'olive, 20 cl de crème de coco, 2 gousses d'ail hachées, le gingembre haché, 2 c. à c. de curry et laissez frémir. Ajoutez le brocoli et les carotte, puis 4 pavés de colin en morceaux. Faites cuire 20 mn à couvert, salez et servez chaud.

JEUDI
9

Salade de lentilles

10 mn

Dans un saladier, versez les lentilles cuites, le boulgour cuit, les graines d'½ grenade, 8 noix concassées, le reste de coriandre hachée et la vinaigrette à l'huile de noix. Salez et poivrez. Mélangez bien et émiettez 150 g de feta dans les assiettes.

VENDREDI
10

Brouillade de légumes du soleil

5 mn 15 mn

Fouettez 6 œufs avec 10 cl de crème liquide, du sel et du poivre. Versez dans une poêle le reste de la fondue de légumes et réchauffez 5 mn à feu doux. Ajoutez les œufs à la crème et poursuivez la cuisson en remuant jusqu'à ce que les œufs soient pris.

ET AUSSI

MA LISTE de courses

LÉGUMES

4 aubergines
4 courgettes
4 fenouils
1 poivron vert
2 tomates, 8 tomates cerises
12 radis
300 g de haricots verts
150 g de roquette
5 gousses d'ail
2 cébettes
1 cm de gingembre frais
1 citron
6 noix

VIANDES ET POISSONS

1,2 kg de travers de porc
4 tranches de saumon fumé

CRÈMERIE

4 œufs
1 yaourt brassé
4 c. à s. de fromage de chèvre frais
90 g de parmesan râpé
60 g de copeaux de parmesan

CONDIMENTS, HERBES ET ÉPICES

250 g de linguine
4 grandes tranches de pain
1 grosse boîte de thon au naturel
12 olives noires
2 c. à s. de ketchup
2 c. à s. de miel
2 c. à s. de sauce soja
1 bouquet de persil
1 bouquet de menthe
Piment en poudre, paprika fumé
Vinaigre de vin, vinaigre balsamique
Huile d'olive, gros sel, sel, poivre

SEMAINE DU 13 AU 17 JUILLET 2020

JOURNÉE BATCH COOKING

1 h
1 h 25

Préparez les légumes :
- Lavez et coupez 4 aubergines en petits cubes. Saupoudrez de gros sel et laissez dégorger 30 mn. Rincez soigneusement, égouttez et séchez.
- Lavez et coupez 4 courgettes en rubans avec un épluche-légumes.
- Lavez 4 fenouils, jetez les premières feuilles et coupez-les en deux.
- Épluchez et hachez 5 gousses d'ail et 1 cm de gingembre frais.
- Lavez et émincez 2 cébettes (le blanc et la moitié du vert) et 1 poivron vert épépiné en petits cubes.
- Lavez et coupez 12 radis en rondelles.
- Lavez et équeutez 300 g de haricots verts.
- Lavez et essorez 300 g de roquette. Placez au frais avec une feuille d'essuie-tout.
- Lavez, triez et hachez 1 bouquet de menthe et 1 bouquet de persil.

Faites cuire les demi-fenouils 15 mn à la vapeur. Arrosez de 4 c. à s. d'huile d'olive, du jus d'½ citron, d'1 pincée de piment en poudre et de 2 c. à s. de menthe hachée. Laissez refroidir et placez au frais.

Faites cuire les haricots verts 15 mn dans l'eau bouillante ; ils doivent être juste cuits. Égouttez et laissez refroidir.

Faites cuire 4 œufs durs 10 mn dans une casserole d'eau bouillante avec 1 c. à s. de vinaigre. Laissez refroidir et placez-les au frais sans les écaler.

Préparez les aubergines sautées :
Faites dorer les cubes d'aubergines dans 4 c. à s. d'huile d'olive pendant 5 mn à feu vif. Ajoutez 3 gousses d'ail hachées, du sel et du poivre. Couvrez et laissez mijoter 40 mn à feu doux. Les aubergines doivent être fondantes. Laissez refroidir et placez au frais.

Préparez les travers de porc :
Dans un saladier, mélangez 3 c. à s. d'huile d'olive, 2 c. à s. de ketchup, 2 c. à s. de miel, 2 c. à s. de sauce soja, 2 gousses d'ail et le gingembre hachés, ½ c. à c. de piment en poudre et 1 c. à c. de paprika fumé. Ajoutez 1,2 kg de travers de porc et enrobez-les de cette marinade. Filmez et placez au frais.

Préparez la salade niçoise :
Placez dans un saladier les haricots verts cuits coupés en deux, les cébettes et le poivron en cubes, les rondelles de radis et 12 olives noires. Mélangez et placez au frais.

LUNDI
13

Salade niçoise

15 mn

Sortez la salade niçoise. Ajoutez 2 tomates coupées en dés, 1 grosse boîte de thon au naturel émietté et 1 c. à s. de menthe hachée. Écalez et coupez les 4 œufs durs en quatre. Répartissez le tout dans 4 assiettes. Arrosez de 2 c. à s. d'huile d'olive, d'1 trait de vinaigre de vin, de sel et de poivre.

MARDI
14

Fête nationale française

Travers de porc & aubergines sautées

5 mn 50 mn

Placez les travers de porc marinés dans un plat à gratin et enfournez pour 50 mn à 210 °C. Arrosez de temps en temps de marinade pour que la viande reste moelleuse. 10 mn avant la fin, faites réchauffer 2/3 des aubergines sautées avec 2 c. à s. de persil et 1 c. à s. de menthe.

MERCREDI
15

Pâtes aux courgettes, à la menthe et aux noix

10 mn 10 mn

Faites cuire 250 g de linguine selon les indications du paquet. Ajoutez les rubans de courgettes dans la casserole et remettez sur le feu 1 mn, pour les assouplir. Ajoutez 2 c. à s. de menthe et 1 c. à s. de persil hachés, 6 noix hachées, 2 c. à s. d'huile d'olive et 90 g de parmesan râpé. Salez, poivrez et servez.

JEUDI
16

Tartines d'aubergines et de chèvre

10 mn 5 mn

Faites griller 4 grandes tranches de pain légèrement huilées 5 mn au four. Tartinez de 4 c. à s. de fromage de chèvre frais et couvrez du reste d'aubergines sautées. Parsemez de 8 tomates cerises émincées, de 60 g de copeaux de parmesan, de sel, de poivre et d'un trait de vinaigre balsamique. Servez avec 150 g de roquette.

VENDREDI
17

Fenouils au saumon fumé

5 mn

Sortez les fenouils du réfrigérateur 10 mn avant de dîner. Vérifiez l'assaisonnement et saupoudrez d'1 c. à s. de menthe hachée. Servez avec 4 tranches de saumon fumé et une sauce faite d'1 yaourt brassé mélangé au jus d'½ citron, d'1 c. à s. de persil haché, de sel et de poivre.

ET AUSSI

MA LISTE de courses

LÉGUMES

1 petite pastèque
1 melon
10 tomates
1 kg de petits pois écossés
1 carotte
2 oignons
2 échalotes
1 gousse d'ail
½ citron

VIANDES ET POISSONS

400 g de magrets de canard fumés
16 grosses crevettes
8 fines tranches de lard
4 escalopes de poulet

CRÈMERIE

2 œufs
150 g de feta
10 cl de crème liquide
50 g de beurre

CONDIMENTS, HERBES ET ÉPICES

500 g de riz
4 tranches de pain
2 boîtes de sardines à l'huile
20 cl de crème de coco
2 c. à s. de sauce soja
2 cubes de bouillon de volaille
1 bouquet de menthe
1 bouquet de coriandre
1 c. à s. de pâte de curry jaune
Piment en poudre
Paprika, moutarde
Vinaigre de vin
Vinaigre balsamique
Huile d'olive
Sel, poivre

SEMAINE DU 20 AU 24 JUILLET 2020

JOURNÉE BATCH COOKING

1 h 10
45 mn

Préparez les légumes :
- Évidez 1 petite pastèque et 1 melon en prélevant des billes à l'aide d'une cuillère parisienne.
- Lavez 10 tomates et coupez-en 4 en cubes.
- Lavez, épluchez et coupez 1 carotte en petits bâtonnets.
- Épluchez 2 oignons jaunes et coupez-les en rondelles.
- Épluchez et hachez 2 échalotes et 1 gousse d'ail.
- Lavez, triez et hachez 1 bouquet de menthe et 1 bouquet de coriandre.

Préparez la salade de pastèque :
Dans un saladier, mélangez les billes de melon, les billes de pastèque et 2 c. à s. de menthe hachée. Couvrez et placez au frais.

Préparez le curry de crevettes :
Dans une sauteuse, faites sauter la moitié des rondelles d'oignons et la gousse d'ail hachée avec 3 c. à s. d'huile d'olive et 1 c. à s. de pâte de curry jaune pendant 5 mn. Ajoutez les tomates en cubes, 100 g de petits pois écossés, 20 cl de crème de coco, 1 pincée de piment en poudre, 1 c. à c. de paprika et laissez frémir 10 mn à couvert. Laissez refroidir et placez au frais.

Préparez le beurre de sardines :
Ôtez la peau et l'arête centrale du contenu de 2 boîtes de sardines à l'huile. Écrasez la chair dans un bol avec 1 c. à s. de moutarde, le jus d'½ citron, du poivre et 50 g de beurre. Filmez et entreposez au frais.

Préparez la soupe de petits pois :
Faites fondre 2 échalotes hachées dans 1 c. à s. d'huile d'olive pendant 5 mn. Ajoutez 700 g de petits pois écossés, 1 l d'eau et 2 cubes de bouillon de volaille émiettés. Salez, poivrez, couvrez et laissez cuire 15 mn. Ajoutez 2 c. à s. de menthe hachée et mixez très finement. Laissez refroidir et placez au frais.

Préparez le sauté de poulet :
Faites blanchir 200 g de petits pois écossés 5 mn dans l'eau bouillante. Dans une sauteuse, faites revenir le reste des rondelles d'oignons et les bâtonnets de carotte dans 2 c. à s. d'huile d'olive pendant 5 mn. Ajoutez les petits pois cuits égouttés, salez et poivrez. Laissez refroidir et placez au frais.

LUNDI 20

Salade d'été & magrets de canard fumés

10 mn

Sortez les billes de melon et de pastèque du réfrigérateur. Ajoutez 1 c. à s. de coriandre hachée et 2 tomates en dés. Émiettez 150 g de feta. Coupez 400 g de magrets de canard fumés. Salez, poivrez et mélangez. Arrosez d'1 filet d'huile d'olive et d'1 trait de vinaigre balsamique.

MARDI 21

Curry de crevettes à la crème de coco & riz

5 mn 25 mn

Faites cuire 500 g de riz selon les indications du paquet et réservez-en la moitié au frais (après refroidissement). Faites colorer 16 grosses crevettes décortiquées 5 mn dans 1 c. à s. d'huile d'olive. Ajoutez la sauce au curry et poursuivez la cuisson 10 mn. Ajoutez 2 c. à s. de coriandre hachée et servez avec le riz.

MERCREDI 22

Tartines au beurre de sardines

10 mn 5 mn

Faites griller 4 tranches de pain et tartinez-les généreusement de beurre de sardines. Servez avec une salade de 4 tomates émincées avec 2 c. à s. d'huile d'olive, 1 c. à s. de vinaigre de vin, 1 c. à c. de moutarde, du sel et du poivre.

JEUDI 23

Soupe froide de petits pois

10 mn 5 mn

Faites griller à la poêle 8 fines tranches de lard jusqu'à ce qu'elles soient croustillantes. Laissez refroidir sur une feuille d'essuie-tout. Mixez le velouté de petits pois avec 10 cl de crème liquide. Salez, poivrez et servez glacé avec le lard croustillant.

VENDREDI 24

Sauté de poulet au riz

5 mn 15 mn

Faites revenir 4 escalopes de poulet en lanières 5 mn dans 1 c. à s. d'huile d'olive. Ajoutez la préparation aux petits légumes, 250 g de riz cuit et poursuivez la cuisson 5 mn. Versez 2 c. à s. de sauce soja, cassez 2 œufs et mélangez encore 5 mn. Ajoutez 2 c. à s. de coriandre hachée et servez.

ET AUSSI

MA LISTE de courses

LÉGUMES

1 kg de pommes de terre
8 tomates
8 radis roses
400 g de roquette
½ citron
100 g d'amandes mondées non salées

VIANDES ET POISSONS

2 tranches épaisses de jambon blanc
4 tranches de jambon cru
4 petites ailes de raie

CRÈMERIE

5 œufs
1 yaourt grec
1 mozzarella
170 g de parmesan
80 g de beurre

CONDIMENTS, HERBES ET ÉPICES

250 g de spaghettis
4 tranches de pain
8 cornichons
2 c. à s. de câpres
4 cubes de bouillon de volaille
1 bouquet de persil
1 bouquet de menthe
1 bouquet de ciboulette
1 bouquet de basilic
Moutarde
Vinaigre blanc
Vinaigre de vin
Huile neutre
Huile d'olive
Sel, poivre

SEMAINE DU 27 AU 31 JUILLET 2020

JOURNÉE BATCH COOKING

1 h 15
35 mn

Préparez les légumes :
- Lavez, épluchez et coupez 1 kg de pommes de terre en cubes.
- Lavez et coupez 8 tomates en petits dés et égouttez-les.
- Lavez et coupez 8 radis roses et 8 cornichons en fines rondelles.
- Lavez et essorez 400 g de roquette.
- Hachez grossièrement 100 g d'amandes mondées non salées.
- Lavez, triez et hachez 1 bouquet de persil, 1 bouquet de menthe, 1 bouquet de ciboulette et 1 bouquet de basilic. Conservez-les dans des bocaux au frais.

Faites cuire 1 kg de pommes de terre 15 mn à la vapeur. Elles doivent être cuites, mais encore fermes. Laissez refroidir et placez la moitié dans un récipient au frais.

Faites cuire 4 œufs durs 10 mn dans de l'eau bouillante vinaigrée en démarrant la cuisson à froid. Laissez refroidir complètement, écalez et coupez en quartiers.

Préparez les tomates marinées pour les bruschettas :
Mélangez la moitié des dés de tomates avec 2 c. à s. d'huile d'olive, du sel et du poivre. Placez au frais.

Préparez la salade piémontaise :
Dans un saladier, placez l'autre moitié des pommes de terre, les rondelles de radis et de cornichons, le reste des dés de tomates et les quartiers d'œufs. Coupez 2 tranches épaisses de jambon blanc en dés, ajoutez-les et mélangez. Placez au frais dans un récipient hermétique.

Préparez le beurre pour les ailes de raie :
Dans une casserole, faites mousser 80 g de beurre. Ajoutez le jus d'½ citron, 2 c. à s. de câpres, 1 c. à s. de chaque herbe hachée (menthe, basilic, persil, ciboulette), du sel et du poivre. Laissez refroidir et placez au frais.

Préparez le pesto de roquette :
Faites griller à sec les amandes hachées dans une poêle. Laissez refroidir, puis placez dans le bol d'un mixeur avec 400 g de roquette, 80 g de parmesan, 2 c. à s. de basilic haché et 6 c. à s. d'huile d'olive. Mixez finement et réservez dans un bol au frais.

66

LUNDI 27

Salade piémontaise

10 mn

Préparez une mayonnaise en fouettant 1 jaune d'œuf avec 1 c. à c. de moutarde. Ajoutez de l'huile neutre en filet, toujours en fouettant, jusqu'à obtenir 5 c. à s. de mayonnaise très ferme. Ajoutez 1 c. à s. de vinaigre de vin, du sel et du poivre. Mélangez à la piémontaise avec 2 c. à s. de persil haché et servez.

MARDI 28

Bruschettas aux tomates et à la mozzarella

10 mn 15 mn

Faites griller 4 tranches de pain 5 mn au four. Tartinez des tomates marinées et déposez 4 tranches de jambon cru. Recouvrez d'1 mozzarella coupée en tranches et enfournez pour 10 mn sous le gril du four. Servez avec 1 c. à s. de pesto de roquette.

MERCREDI 29

Ailes de raie au beurre blanc & pommes de terre

5 mn 20 mn

Faites pocher 4 petites ailes de raie dans 4 l d'eau bouillante avec 15 cl de vinaigre blanc pendant 10 mn. Réchauffez le beurre aux câpres 5 mn à feu doux. Réchauffez 500 g de pommes de terre en les plongeant 5 mn dans une casserole d'eau bouillante, puis égouttez. Servez chaud.

JEUDI 30

Soupe froide aux herbes fraîches

10 mn 5 mn

Dissolvez 4 cubes de bouillon de volaille dans 75 cl d'eau. Mixez le reste de toutes les herbes hachées avec 1 louche de bouillon. Allongez si besoin avec le reste de bouillon et ajoutez 1 yaourt grec. Salez, poivrez et servez glacé.

VENDREDI 31

Spaghettis au pesto de roquette

5 mn 15 mn

Faites cuire 250 g de spaghettis selon les indications du paquet. Conservez 1 petite louche d'eau de cuisson et égouttez. Sur feu doux, mélangez rapidement les pâtes avec l'eau de cuisson, le pesto de roquette, 90 g de parmesan râpé, du sel et du poivre. Servez bien chaud.

ET AUSSI

MA LISTE de courses

LÉGUMES

700 g de tomates cerises
500 g de pommes de terre
3 avocats
2 tomates
2 poivrons
1 petit concombre
1 oignon rouge
300 g de jeunes pousses d'épinards
300 g de roquette, 1 laitue
1 citron vert

VIANDES ET POISSONS

4 tranches de saumon fumé
4 tranches de jambon de Bayonne
16 grosses crevettes crues décortiquées
600 g de carpaccio de bœuf

CRÈMERIE

3 œufs
150 g de feta
4 c. à s. de fromage frais fouetté
60 g de parmesan râpé
60 g de parmesan en copeaux
40 cl de lait
10 g de beurre

CONDIMENTS, HERBES ET ÉPICES

4 tranches de pain
4 c. à s. de farine
16 olives noires
20 cl de lait de coco
1 c. à s. de sauce soja
1 cube de bouillon de légumes
½ bouquet de ciboulette
Origan, piment de Cayenne
Moutarde, Tabasco
Vinaigre de vin, vinaigre balsamique
Huile d'olive, sel, poivre

SEMAINE DU 3 AU 7 AOÛT 2020

JOURNÉE BATCH COOKING

1 h 15

45 mn

Préparez les légumes :

- Lavez et essuyez 700 g de tomates cerises.
- Lavez, épluchez et coupez 500 g de pommes de terre en morceaux.
- Lavez, évidez et découpez 2 poivrons en petits cubes.
- Lavez, épluchez et découpez 1 petit concombre et 1 oignon rouge en rondelles.
- Lavez et essorez 300 g de jeunes pousses d'épinards, 300 g de roquette et 1 laitue. Entreposez au frais avec des feuilles d'essuie-tout.
- Lavez, triez et hachez 1 bouquet de ciboulette.

Faites cuire les morceaux de pommes de terre 15 mn à la vapeur. Elles doivent rester bien fermes. Laissez refroidir et placez au frais.

Préparez le clafoutis de tomates :
Fouettez ensemble 3 œufs, 3 c. à s. de farine, 40 cl de lait, 1 c. à s. de moutarde, 3 pincées d'origan, du sel et du poivre. Ajoutez 60 g de parmesan râpé. Dans un moule à gâteau beurré (10 g) et fariné (1 c. à s.), versez 700 g de tomates cerises et recouvrez de l'appareil à clafoutis. Enfournez pour 30 mn à 200 °C. Laissez refroidir et placez au frais.

Préparez la soupe d'avocats :
Ouvrez, dénoyautez et prélevez la chair de 3 avocats. Placez dans le bol d'un mixeur avec 20 cl de lait de coco, 20 cl d'eau, le jus d'½ citron vert, 5 gouttes de Tabasco, du sel et du poivre. Mixez finement et gardez au frais.

Préparez la mousse de saumon fumé :
Mixez 4 tranches de saumon fumé avec le jus d'½ citron vert (en gardant un peu de jus pour plus tard), la moitié de la ciboulette hachée, 4 c. à s. de fromage frais fouetté, du sel et du poivre. Placez au frais dans un bol hermétique.

Préparez la salade grecque :
Dans un saladier, mélangez les cubes de poivrons et les rondelles de concombre et d'oignon rouge. Ajoutez 16 olives noires et ¼ de laitue coupée en lanières. Entreposez au frais dans un récipient hermétique.

Préparez la vinaigrette :
Fouettez ensemble 8 c. à s. d'huile d'olive, 1 c. à s. de vinaigre de vin, 1 c. à s. de vinaigre balsamique, 1 c. à s. de sauce soja et du poivre. Conservez au frais dans un bol hermétique.

LUNDI
3

Clafoutis aux tomates cerises

5 mn 10 mn

Sortez le clafoutis aux tomates cerises 10 mn avant de servir ou servez tiède en le passant 10 mn au four à 140 °C. Servez avec 4 tranches de jambon de Bayonne et ¼ de laitue, 100 g de roquette et ¼ de la vinaigrette.

MARDI
4

Soupe froide d'avocats et de crevettes

5 mn 10 mn

Faites cuire 16 grosses crevettes crues décortiquées 7 mn dans 1 l d'eau bouillante additionnée d'1 cube de bouillon de légumes. Répartissez le velouté d'avocats dans 4 assiettes creuses et déposez-y les crevettes et 1 pincée de piment de Cayenne.

MERCREDI
5

Tartines de saumon fumé

10 mn 5 mn

Faites griller 4 tranches de pain légèrement huilées. Hachez grossièrement les jeunes pousses d'épinards et mélangez à la mousse de saumon fumé. Tartinez les tranches de pain de cette préparation, salez, poivrez et ajoutez le reste du jus de citron vert. Servez avec le reste de la laitue et ¼ de la vinaigrette.

JEUDI
6

Carpaccio de bœuf & pommes de terre sautées

10 mn 15 mn

Faites sauter les pommes de terre précuites dans 2 c. à s. d'huile d'olive avec du sel et du poivre pendant 15 mn. Dressez 600 g de carpaccio de bœuf sur 4 assiettes avec 200 g de roquette, 60 g de copeaux de parmesan et le reste de ciboulette hachée. Arrosez d'¼ de la vinaigrette.

VENDREDI
7

Salade grecque

5 mn

Sortez la salade grecque du réfrigérateur. Ajoutez 2 tomates coupées en petits dés, 150 g de feta émiettée et arrosez du reste de vinaigrette juste avant de servir.

ET AUSSI

MA LISTE de courses

LÉGUMES

250 g de pommes de terre
250 g de haricots verts
3 poivrons rouges
4 tomates
2 salades vertes
1 oignon
1 botte d'oignons verts
2 gousses + 1 tête d'ail
1 citron

VIANDES ET POISSONS

1 rôti de bœuf d'1,2 kg
8 aiguillettes de poulet
80 g d'œufs de saumon

CRÈMERIE

4 œufs
60 g de parmesan en copeaux
4 c. à s. de mascarpone
30 cl de crème fleurette épaisse

CONDIMENTS, HERBES ET ÉPICES

200 g de boulgour
1 petite boîte de concentré de tomates
8 tranches de pain
1 c. à s. de sauce soja
1 c. à c. de sucre
1 cube de bouillon de légumes
2 branches de thym frais
1 bouquet de menthe
1 bouquet de persil
1 bouquet de ciboulette
Cumin
Paprika fumé
Piment en poudre
Vinaigre balsamique
Huile d'olive
Sel, poivre

SEMAINE DU 10 AU 14 AOÛT 2020

JOURNÉE BATCH COOKING

1 h
1 h 25

Préparez les légumes :
• Lavez, épluchez et coupez 250 g de pommes de terre en morceaux.
• Lavez et équeutez 250 g de haricots verts.
• Lavez, coupez en deux et évidez 3 poivrons rouges.
• Épluchez et hachez 1 oignon.
• Lavez et émincez finement 1 botte d'oignons verts.
• Séparez 1 tête d'ail en gousses. Hachez 2 autres gousses d'ail et réservez-en 1 au frais.
• Lavez et essorez 2 salades vertes et placez-les au frais avec de l'essuie-tout.
• Lavez, triez et hachez 1 bouquet de menthe, 1 bouquet de persil et 1 bouquet de ciboulette. Conservez-les dans des bocaux au frais.

Faites cuire 250 g de pommes de terre 15 mn à la vapeur. Laissez refroidir et placez au frais.

Faites cuire 250 g de haricots verts 15 mn dans l'eau bouillante, puis égouttez.

Faites cuire 200 g de boulgour selon les indications du paquet et laissez bien refroidir.

Préparez les poivrons :
Placez les demi-poivrons très haut sur la grille du four, peau vers l'extérieur, et laissez cuire 40 mn à 210 °C (la peau doit noircir). Sortez-les du four et placez-les dans un sac plastique. Fermez-le jusqu'à complet refroidissement, puis ôtez la peau des poivrons. Coupez-les en larges lanières.

Préparez le taboulé libanais :
Dans un saladier, mélangez ⁴⁄₅ de la menthe et du persil hachés, les oignons verts émincés et le boulgour cuit. Placez au frais dans un récipient hermétique.

Préparez la soupe de poivrons :
Dans une cocotte, faites revenir l'oignon et 1 gousse d'ail hachés dans 2 c. à s. d'huile d'olive pendant 3 mn. Ajoutez les lanières de poivrons, 1 petite boîte de concentré de tomates, 1 c. à c. de sucre, du sel, du poivre, 1 cube de bouillon de légumes et 70 cl d'eau. Mixez finement. Laissez refroidir et placez au frais.

Préparez la crème au mascarpone et aux herbes :
Dans un bol, fouettez 4 c. à s. de mascarpone avec le reste de menthe et de persil. Ajoutez la moitié de la ciboulette hachée, du sel et du poivre. Filmez et placez au frais.

LUNDI
10

Rôti de bœuf, pommes de terre & haricots verts

15 mn 15 mn

Placez un rôti de bœuf d'1,2 kg dans un plat. Badigeonnez de 3 c. à s. d'huile d'olive et frottez avec 2 branches de thym frais. Répartissez dans le plat 1 tête d'ail en gousses et placez au four à 240 °C pour 15 mn en retournant à mi-temps. Pendant ce temps, réchauffez les pommes de terre et les haricots 10 mn à la poêle. Gardez 8 fines tranches de rôti pour plus tard.

MARDI
11

Taboulé libanais & aiguillettes de poulet

10 mn 10 mn

Sortez le taboulé du réfrigérateur et ajoutez 4 tomates coupées en dés. Mélangez avec 4 c. à s. d'huile d'olive, le jus d'1 citron, du sel et du poivre. Servez avec 8 aiguillettes de poulet revenues 7 mn à la poêle dans 2 c. à s. d'huile d'olive, ½ c. à c. de cumin et un trait de jus de citron.

MERCREDI
12

Tartines de rôti froid

10 mn 5 mn

Dans un bol, fouettez 2 c. à s. d'huile d'olive avec 1 c. à s. de sauce soja, 1 gousse d'ail hachée et 1 pincée de piment en poudre. Faites griller 8 tranches de pain 5 mn au four, placez-y 8 fines tranches de rôti de bœuf froid et 60 g de parmesan en copeaux. Servez avec 1 salade verte et arrosez de sauce.

JEUDI
13

Œufs cocottes au mascarpone et aux herbes

10 mn 10 mn

Détendez le mascarpone aux herbes avec 10 cl de crème fleurette épaisse. Ajoutez ½ c. à c. de paprika fumé. Dans 4 cocottes, versez la moitié de la crème. Cassez-y 4 œufs et recouvrez de crème. Enfournez pour 10 mn à 180 °C. Servez avec 1 salade verte assaisonnée de 2 c. à s. d'huile d'olive, 1 c. à s. de vinaigre balsamique, du sel et du poivre.

VENDREDI
14

Soupe glacée de poivrons

10 mn

Sortez la soupe de poivrons du réfrigérateur et mixez-la avec 5 cl de crème fleurette épaisse. Fouettez 15 cl de crème fleurette bien froide avec du sel et du poivre. Servez la soupe accompagnée de la crème fouettée, de 80 g d'œufs de saumon et du reste de ciboulette hachée.

ET AUSSI

71

MA LISTE de courses

LÉGUMES

2 melons
6 tomates
2 poivrons rouges
1 botte de radis avec fanes
1 oignon
1 gousse d'ail
3 échalotes
1 salade verte
2 citrons

VIANDES ET POISSONS

1 petit chorizo
16 petites sardines préparées
4 tranches de jambon de Parme

CRÈMERIE

3 œufs
1 pâte brisée
1 mozzarella
90 g de pecorino râpé
150 g de fromage de chèvre frais
2 c. à s. de crème fraîche
20 cl de crème liquide

CONDIMENTS, HERBES ET ÉPICES

8 tranches de pain
1 cube de bouillon de volaille
1 bouquet de persil
1 bouquet de ciboulette
Herbes de Provence
Moutarde
Vinaigre de vin
Huile d'olive
Sel, poivre

SEMAINE DU 17 AU 21 AOÛT 2020

JOURNÉE BATCH COOKING

1 h
45 mn

Préparez les légumes :

- Lavez et coupez en deux 6 tomates. Placez dans un plat allant au four (partie coupée vers le haut), saupoudrez d'herbes de Provence, de sel et de poivre, puis placez au frais.
- Lavez, évidez et coupez 2 poivrons rouges en dés.
- Lavez et essorez les fanes d'1 botte de radis et coupez les radis en fines rondelles.
- Épluchez et hachez 1 oignon et 2 gousses d'ail.
- Épluchez et taillez 3 échalotes en rondelles.
- Lavez, triez et hachez 1 bouquet de persil et 1 bouquet de ciboulette.
- Lavez et essorez 1 salade verte, et gardez au frais avec une feuille d'essuie-tout.

Préparez la soupe de fanes de radis :
Dans une cocotte, faites revenir l'oignon haché et les rondelles de 2 échalotes dans 2 c. à s. d'huile d'olive pendant 2 mn. Ajoutez les fanes de radis et faites-les sauter 5 mn. Quand elles ont fondu, ajoutez 1 cube de bouillon de volaille et 70 cl d'eau. Couvrez et laissez mijoter 20 mn. Mixez finement, laissez refroidir et placez au frais.

Préparez la tartinade de chèvre :
Dans un bol, fouettez 150 g de fromage de chèvre frais avec la moitié du persil et de la ciboulette hachés et les rondelles de 5 radis. Salez, poivrez, filmez et placez au frais.

Préparez les croûtons :
Coupez 4 tranches de pain en cubes et frottez-les avec 1 gousse d'ail. Dans un saladier, mélangez-les à 1 c. à s. d'huile d'olive. Placez-les sur la plaque du four et passez sous le gril 5 mn en retournant de temps en temps, jusqu'à ce que les croûtons soient bien dorés. Laissez complètement refroidir et entreposez au sec.

Préparez la tarte aux poivrons et au chorizo :
Faites revenir 1 échalote dans 2 c. à s. d'huile d'olive. Ajoutez les dés de poivrons et 1 petit chorizo coupé en tranches, et faites sauter 5 mn. Laissez refroidir et placez au frais.

Préparez la vinaigrette :
Mélangez 6 c. à s. d'huile d'olive avec 1 c. à s. de vinaigre de vin, le jus d'½ citron, 1 c. à c. de moutarde, du sel et du poivre. Entreposez au frais.

LUNDI
17

Sardines grillées & tomates

5 mn · 15 mn

Enfournez le plat de tomates pour 15 mn à 220 °C. Pendant ce temps, faites griller à la poêle 16 petites sardines préparées dans 2 c. à s. d'huile d'olive, 5 mn de chaque côté. Arrosez du jus d'1 citron, ajoutez le reste de persil et de ciboulette, puis servez avec 8 demi-tomates (conservez-en 4 au frais, une fois refroidies).

MARDI
18

Tartines aux fines herbes

10 mn · 5 mn

Faites griller 4 tranches de pain légèrement huilées 5 mn au four et tartinez de chèvre frais aux herbes. Écrasez ½ tomate provençale sur chaque tartine et parsemez du reste de rondelles de radis. Servez avec ½ salade verte et la moitié de la vinaigrette.

MERCREDI
19

Soupe froide de fanes de radis

10 mn

Sortez la soupe de fanes de radis et ajoutez 2 c. à s. de crème fraîche. Mixez et ajustez l'assaisonnement. Servez la soupe bien glacée arrosée du jus d'½ citron et avec les croûtons à l'ail.

JEUDI
20

Salade de melons, de jambon de Parme et de mozzarella

20 mn · 10 mn

Ouvrez et évidez 2 melons. Détaillez-les en cubes et mélangez avec 4 tranches de jambon de Parme émincées et 1 mozzarella en cubes. Salez, poivrez et gardez au frais 10 mn avant de servir.

VENDREDI
21

Tarte aux poivrons et au chorizo

15 mn · 20 mn

Fouettez 3 œufs avec 20 cl de crème liquide et 90 g de pecorino râpé. Salez, poivrez. Étalez et piquez 1 pâte brisée dans un plat à tarte. Répartissez la base aux poivrons et au chorizo, puis recouvrez de l'appareil aux œufs. Enfournez pour 20 mn à 220 °C et servez avec ½ salade verte et le reste de la vinaigrette.

ET AUSSI

MA LISTE de courses

LÉGUMES

6 pommes de terre
700 g de tomates cerises
10 tomates
2 concombres
1 poivron vert
1 avocat
1 oignon rouge
2 oignons
1 gousse d'ail
1 salade verte
½ citron vert

VIANDES ET POISSONS

1 filet mignon de 650 g
4 tranches de saumon fumé

CRÈMERIE

1 pâte feuilletée
140 g de parmesan
2 yaourts grecs

CONDIMENTS, HERBES ET ÉPICES

250 g de linguine
4 galettes de blé
1 petite boîte de haricots rouges
1 petite boîte de maïs
60 g de pignons de pin
1 bouquet de menthe
1 bouquet de basilic
½ bouquet de persil
Herbes de Provence
Moutarde de Dijon
Vinaigre de cidre
Vinaigre balsamique
Huile d'olive
Sel, poivre

SEMAINE DU 24 AU 28 AOÛT 2020

JOURNÉE BATCH COOKING

1 h 30

1 h

Préparez les légumes :

- Lavez, épluchez et coupez 6 pommes de terre en morceaux.
- Lavez et coupez 700 g de tomates cerises en deux.
- Lavez 10 tomates. Pelez, épépinez et coupez 4 d'entre elles. Coupez-en 4 autres en morceaux. Gardez-en 2 entières pour plus tard.
- Lavez, pelez et épépinez 2 petits concombres.
- Lavez, évidez et coupez 1 poivron vert en petits cubes. Réservez au frais.
- Épluchez et coupez 1 oignon rouge en rondelles fines. Réservez au frais.
- Épluchez et coupez 2 oignons en morceaux.
- Lavez et essorez 1 salade verte et gardez-la au frais avec une feuille d'essuie-tout.
- Lavez, triez et hachez 1 bouquet de menthe et ½ bouquet de persil. Lavez et détachez les feuilles d'1 bouquet de basilic. Conservez dans des bocaux au frais.

Préparez la tarte aux tomates :
Étalez et piquez 1 pâte feuilletée dans un plat à tarte. Précuisez-la 5 mn à 250 °C. Sortez-la du four et badigeonnez de 2 c. à s. de moutarde de Dijon. Disposez et serrez les demi-tomates cerises, peau vers l'intérieur. Parsemez de 2 c. à c. d'herbes de Provence, de sel, de poivre et enfournez pour 20 mn à 220 °C. Laissez refroidir et gardez au frais.

Préparez le pesto :
Faites griller à sec 60 g de pignons de pin pendant 5 mn. Laissez refroidir complètement. Dans le bol d'un mixeur, placez les feuilles de basilic (gardez-en 5 ou 6 de côté), 1 gousse d'ail épluchée, 80 g de parmesan en morceaux et les pignons, puis mixez par à-coups. Ajoutez 15 cl d'huile d'olive en filet, rectifiez l'assaisonnement et placez dans un bocal au frais.

Préparez la soupe de concombres :
Mixez finement les 4 tomates pelées, les concombres, la moitié de la menthe et du persil hachés, les feuilles de basilic, du sel, du poivre, 1 c. à s. de vinaigre balsamique et 2 yaourts grecs. Conservez au frais.

Préparez le filet mignon :
Dans un plat à gratin, badigeonnez 1 filet mignon de 650 g de 2 c. à s. de moutarde de Dijon. Salez, poivrez. Entourez des morceaux de tomates, de pommes de terre et d'oignons. Arrosez d'½ verre d'eau et enfournez pour 30 mn à 200 °C en retournant régulièrement les légumes. Laissez complètement refroidir avant de réfrigérer.

Préparez la vinaigrette :
Mélangez 6 c. à s. d'huile d'olive avec 2 c. à s. de vinaigre de cidre, 2 c. à c. de moutarde, du sel et du poivre. Entreposez au frais.

LUNDI 24

Filet mignon aux tomates et aux pommes de terre

5 mn · 15 mn

Sortez le filet mignon du réfrigérateur et réchauffez-le 15 mn au four à 180 °C en retournant les légumes et en arrosant la viande. Servez bien chaud.

MARDI 25

Tarte aux tomates cerises et à la moutarde

5 mn · 10 mn

Sortez la tarte aux tomates cerises et dégustez-la froide ou tiède (10 mn au four à 140 °C) avec ½ salade verte et la moitié de la vinaigrette.

MERCREDI 26

Salade mexicaine

15 mn

Dans un saladier, mélangez les rondelles d'oignon rouge, les cubes de poivron, 1 petite boîte de maïs égoutté et 1 petite boîte de haricots rouges rincés et égouttés. Ajoutez 2 tomates coupées en dés et les lanières d'½ salade verte. Servez avec la chair d'1 avocat en cubes, le reste de vinaigrette et 4 galettes de blé.

JEUDI 27

Soupe froide aux concombres et au saumon

10 mn

Mixez la soupe de concombres avec le jus d'½ citron vert et 3 tranches de saumon fumé émincées. Vérifiez l'assaisonnement et servez avec 1 tranche de saumon fumé en lanières et le reste de menthe et de persil hachés.

VENDREDI 28

Linguine au pesto

5 mn · 10 mn

Faites cuire 250 g de linguine selon les indications du paquet. Conservez 1 petite louche d'eau de cuisson et égouttez. Mélangez les pâtes avec le pesto et l'eau de cuisson pendant 1 mn dans la casserole. Rectifiez l'assaisonnement et servez avec 60 g de parmesan râpé.

ET AUSSI

MA LISTE de courses

LÉGUMES

5 courgettes
2 aubergines
7 tomates
6 poivrons
1 botte de radis roses
2 carottes
4 oignons
6 gousses d'ail
2 salades vertes
1 poignée de pousses de soja
1 citron vert

VIANDES ET POISSONS

1 gigot d'agneau d'1,5 kg
½ petit chorizo
4 tranches de speck

CRÈMERIE

6 œufs
60 g de parmesan râpé
1 yaourt grec
25 g de beurre

CONDIMENTS, HERBES ET ÉPICES

250 g de nouilles chinoises
1 boîte de tomates pelées au jus
8 grandes tranches de pain
50 g de cacahuètes
3 c. à s. de sauce soja
1 bouquet de coriandre
Piment en poudre
Gingembre râpé
Herbes de Provence
Romarin séché
Baies roses
Vinaigre balsamique
Huile de sésame
Huile d'olive, sel, poivre

SEMAINE DU 31 AOÛT AU 4 SEPT. 2020

JOURNÉE BATCH COOKING

1 h 15
1 h 50

Préparez les légumes :
- Lavez et coupez 5 courgettes en petits cubes et réservez au frais.
- Lavez et coupez en morceaux 2 aubergines, 7 tomates et 6 poivrons.
- Lavez, épluchez et coupez 2 carottes en dés et 1 botte de radis roses en morceaux, puis réservez au frais.
- Épluchez et coupez 4 oignons en morceaux.
- Épluchez 6 gousses d'ail. Hachez-en 2 et coupez-en 4 en morceaux.
- Lavez et essorez 2 salades vertes. Entreposez-les au frais dans un récipient hermétique.
- Rincez 1 poignée de pousses de soja et réservez au frais.
- Lavez, triez et hachez 1 bouquet de coriandre.

Faites cuire 250 g de nouilles chinoises selon les indications du paquet. Égouttez, laissez refroidir et placez au frais.

Hachez 50 g de cacahuètes et placez dans un bocal hermétique.

Coupez ½ petit chorizo en cubes et placez au frais dans un récipient hermétique.

Préparez la ratatouille :
Dans une cocotte, faites revenir 4 oignons et 4 gousses d'ail en morceaux dans 4 c. à s. d'huile d'olive pendant 5 mn. Ajoutez l'équivalent de 4 courgettes en cubes, les morceaux de poivrons et d'aubergines, et faites revenir encore 5 mn. Ajoutez les tomates, 1 boîte de tomates pelées au jus, 2 c. à s. d'herbes de Provence, du sel et du poivre. Couvrez et laissez mijoter 45 mn.

Préparez le gigot :
Dans un bol, mélangez 25 g de beurre avec les 2 gousses d'ail hachées, 1 c. à s. rase d'herbes de Provence, 1 pincée de romarin séché et du poivre. Placez 1 gigot d'agneau d'1,5 kg dans un plat allant au four et massez-le avec cette préparation. Versez ½ verre d'eau au fond du plat. Enfournez pour 10 mn à 240 °C, puis poursuivez la cuisson à 210 °C pour 35 mn, en arrosant régulièrement. Laissez refroidir et placez au réfrigérateur.

Préparez une sauce relevée :
Mélangez 6 c. à s. d'huile de sésame, 2 c. à s. de sauce soja, le jus d'½ citron vert, 2 c. à s. de coriandre hachée, 1 pincée de piment en poudre et 1 pincée de gingembre râpé. Entreposez au frais dans un bocal.

76

LUNDI
31

Gigot & ratatouille

5 mn 15 mn

Sortez le gigot, couvrez-le de papier aluminium et faites-le réchauffer 15 mn au four à 210 °C. Pendant ce temps, faites réchauffer la moitié de la ratatouille 10 mn à feu doux.

MARDI
1

Tartines provençales

10 mn 15 mn

Faites toaster 4 grandes tranches de pain et répartissez-y 8 c. à s. de ratatouille. Ajoutez 4 tranches de speck, du poivre et 60 g de parmesan râpé. Placez 10 mn sous le gril du four et servez avec 1 salade verte et 2 c. à s. d'huile d'olive mélangées à 1 c. à s. de vinaigre balsamique.

MERCREDI
2

Soupe froide de radis roses

10 mn

Dans le bol d'un mixeur, placez les morceaux de radis, la moitié de la coriandre hachée, du sel, du poivre et 1 petite pincée de baies roses. Ajoutez 1 yaourt grec et mixez. Répartissez dans 4 bols avec le jus d'½ citron vert, un filet d'huile d'olive et 4 grandes tranches de pain grillées.

JEUDI
3

Brouillade d'œufs au chorizo

5 mn 15 mn

Mélangez le reste de ratatouille avec les dés de chorizo, et faites sauter 5 mn à la poêle. Cassez 4 œufs et continuez la cuisson sur feu vif jusqu'à ce que les œufs soient pris. Servez avec 1 salade verte et 2 c. à s. d'huile d'olive mélangées à 1 c. à s. de vinaigre balsamique.

VENDREDI
4

Salade asiatique

5 mn 10 mn

Faites revenir 2 carottes et 1 courgette en cubes dans 2 c. à s. d'huile d'olive, 5 mn sur feu vif. Ajoutez 2 œufs et 1 c. à s. de sauce soja et poursuivez la cuisson en remuant. Ajoutez les nouilles chinoises cuites et servez avec 1 poignée de pousses de soja, le reste de coriandre hachée, la sauce relevée et les cacahuètes hachées.

ET AUSSI

MA LISTE de courses

LÉGUMES

1 melon
1 botte d'asperges vertes
1 courgette
4 tomates
150 g de tomates cerises
2 avocats
5 carottes
1 brocoli
250 g de pommes de terre
150 g de petits pois écossés
1 oignon rouge
2 salades vertes
3 oranges
1 pamplemousse rose
1 citron vert, 1 citron jaune

VIANDES ET POISSONS

400 g de filets de daurade
2 pavés de saumon frais
16 crevettes cuites décortiquées
4 tranches de jambon cru

CRÈMERIE

1 pâte à pizza
1 mozzarella
150 g de feta
60 g de parmesan râpé
2 c. à s. de fromage frais
2 c. à s. de crème fraîche

CONDIMENTS, HERBES ET ÉPICES

250 g de linguine
4 tranches de pain
1 bouquet de coriandre
10 feuilles de basilic
Vinaigre balsamique
Huile d'olive, sel, poivre
2 glaçons

SEMAINE DU 7 AU 11 SEPTEMBRE 2020

JOURNÉE BATCH COOKING

1 h 45

10 mn

Préparez les légumes :
- Évidez et coupez 1 melon en petits morceaux.
- Lavez 1 botte d'asperges vertes, ôtez les bases dures et taillez en tronçons.
- Lavez 1 courgette et taillez-la en rubans à l'aide d'un épluche-légumes.
- Ébouillantez et pelez 4 tomates.
- Lavez et coupez en deux 150 g de tomates cerises.
- Lavez, épluchez et détaillez 5 carottes en dés et 250 g de pommes de terre en petits morceaux.
- Lavez et détaillez 1 brocoli en fleurettes.
- Épluchez et hachez finement 1 oignon rouge.
- Lavez et essorez 2 salades vertes. Entreposez au frais avec des feuilles d'essuie-tout.
- Lavez, triez et hachez 1 bouquet de coriandre. Lavez 10 feuilles de basilic.
- Prélevez et hachez finement les zestes de 3 oranges, d'1 pamplemousse rose et d'1 citron vert. Prélevez les quartiers de 2 oranges et du pamplemousse.

Faites cuire les petits morceaux de pommes de terre 10 mn à la vapeur ; ils doivent être cuits mais fermes. Laissez refroidir et placez au frais.

Préparez la base du ceviche de daurade :
Coupez 400 g de filets de daurade en petits cubes. Ajoutez la moitié des zestes d'agrumes mélangés, les quartiers d'1 orange et du pamplemousse, l'oignon rouge haché, 3 c. à s. d'huile d'olive, du poivre et 3 c. à s. de coriandre hachée. Mélangez et placez au frais dans un récipient hermétique.

Préparez la soupe de melon et de tomates :
Dans le bol d'un mixeur, placez les morceaux de melon, les tomates pelées, le jus d'½ citron jaune, 2 c. à s. d'huile d'olive, du sel, du poivre, 2 c. à s. de coriandre, 10 feuilles de basilic et 2 glaçons. Mixez finement et placez au réfrigérateur.

Préparez la base des pâtes *alla primavera* :
Dans un saladier, mélangez la moitié des fleurettes de brocoli, les dés d'1 carotte, 150 g de petits pois écossés et les tronçons d'asperges. Couvrez et entreposez au frais.

Préparez la salade de carottes :
Placez dans un saladier 4 carottes en julienne, ½ brocoli en fleurettes, 100 g de pommes de terre vapeur, 2 c. à s. de coriandre hachée, les suprêmes d'1 orange et l'autre moitié des zestes d'agrumes. Mélangez et entreposez au frais.

Préparez une vinaigrette aux agrumes :
Mélangez 3 c. à s. d'huile d'olive, le jus d'1 orange, du sel et du poivre.

LUNDI
7

Ceviche de daurade

10 mn

Sortez le ceviche de daurade. Mélangez avec 150 g de pommes de terre vapeur, la chair de 2 avocats en cubes et le jus d'1 citron vert. Rectifiez l'assaisonnement, servez avec ½ salade verte et arrosez de 2 c. à s. d'huile d'olive, 1 c. à s. de vinaigre balsamique et du sel.

MARDI
8

Soupe froide de melon et de tomates

10 mn

Servez la soupe de melon et de tomates très fraîche, accompagnée de 4 tranches de pain tartinées de 2 c. à s. de fromage frais, parsemée d'1 c. à s. de coriandre hachée et surmontée de 4 tranches de jambon cru.

MERCREDI
9

Pâtes *alla primavera*

10 mn 10 mn

Faites cuire 250 g de linguine selon les indications du paquet. Pendant ce temps, faites sauter les légumes pour *primavera* dans 2 c. à s. d'huile d'olive pendant 10 mn. Ils doivent rester croquants. Ajoutez les pâtes, 2 c. à s. d'eau de cuisson et 60 g de parmesan râpé. Salez, poivrez et servez.

JEUDI
10

Salade de carottes aux crevettes

10 mn

Sortez la salade de carottes, émiettez 150 g de feta, ajoutez 16 crevettes cuites décortiquées et mélangez. Rectifiez l'assaisonnement, servez frais avec ½ salade verte coupée en lanières et arrosez de la vinaigrette à l'orange.

VENDREDI
11

Pizza blanche au saumon

15 mn 20 mn

Étalez 1 pâte à pizza. Tartinez de 2 c. à s. de crème fraîche. Ajoutez les tomates cerises et les rubans de courgette. Répartissez 2 pavés de saumon frais en morceaux et 1 mozzarella émincée. Salez, poivrez. Enfournez pour 20 mn à 200 °C. Arrosez du jus d'½ citron jaune et servez avec 1 salade verte assaisonnée de 2 c. à s. d'huile d'olive, 1 c. à s. de vinaigre balsamique et du sel.

ET AUSSI

MA LISTE de courses

LÉGUMES

1 kg de tomates
3 petites courgettes
2 concombres
3 poivrons rouges
1 petit fenouil
250 g de pommes de terre
250 g de champignons de Paris
8 oignons blancs
2 gousses d'ail
2 salades vertes
½ citron

VIANDES ET POISSONS

450 g de calmars frais
400 g de foie de veau

CRÈMERIE

1 pâte brisée
160 g de parmesan râpé
5 c. à s. de crème fraîche

CONDIMENTS, HERBES ET ÉPICES

250 g de penne
150 g de tomates séchées
60 g de pignons de pin
4 tranches de pain
1 tranche de pain de mie
1 bouquet de basilic
Vinaigre balsamique
Crème balsamique
Huile d'olive
Sel, poivre

SEMAINE DU 14 AU 18 SEPTEMBRE 2020

JOURNÉE BATCH COOKING

1 h 20

1 h 25

Préparez les légumes :

- Lavez 1 kg de tomates. Coupez 800 g en morceaux et réservez le reste.
- Lavez et coupez 3 petites courgettes en rondelles.
- Lavez, ouvrez, épépinez et coupez 3 poivrons rouges et 2 concombres en morceaux.
- Lavez et coupez 1 fenouil en petits cubes.
- Lavez, épluchez et coupez 250 g de pommes de terre en cubes.
- Lavez et émincez 250 g de champignons de Paris, puis réservez au frais.
- Lavez, épluchez et émincez 8 oignons blancs.
- Lavez, épluchez et hachez 2 gousses d'ail.
- Lavez et essorez 2 salades vertes. Entreposez-les au frais avec de l'essuie-tout.
- Lavez, triez et hachez 1 bouquet de basilic.

Faites cuire les cubes de pommes de terre 10 mn à la vapeur ; ils doivent être cuits mais fermes. Laissez refroidir et placez au frais.

Émincez 450 g de calmars frais et rincez-les sous un filet d'eau. Faites-les cuire 30 mn dans l'eau bouillante et laissez refroidir. Placez au frais dans un récipient hermétique.

Préparez le pesto de tomates :
Mixez 150 g de tomates séchées, 60 g de parmesan râpé, 60 g de pignons de pin et la moitié du basilic haché. Ajoutez 4 c. à s. d'huile d'olive en filet, du sel et du poivre. Conservez dans un bocal au frais.

Préparez la tatin de courgettes :
Faites revenir les courgettes à la poêle dans 1 c. à s. d'huile d'olive avec les gousses d'ail hachées, pendant 10 mn. Dans un bol, mélangez 3 c. à s. de crème fraîche avec 100 g de parmesan râpé. Au fond d'un plat à tarte, versez 3 c. à s. de crème balsamique et passez 5 mn sous le gril du four pour la faire caraméliser. Ajoutez 1 couche de courgettes, la crème au parmesan, du sel, du poivre, 1 couche de courgettes et couvrez d'1 pâte brisée. Enfournez pour 30 mn à 180 °C. Laissez refroidir et placez au frais.

Préparez le gaspacho :
Dans un mixeur, placez les morceaux de 800 g de tomates, de 2 poivrons rouges, d'1 concombre et de 4 oignons blancs avec 4 c. à s. d'huile d'olive, 1 tranche de pain de mie, 1 c. à s. de basilic haché, 1 c. à s. de vinaigre balsamique, du sel et du poivre. Mixez finement et gardez au frais.

LUNDI **14**

Calmars en salade

10 mn

Coupez les tomates restantes en cubes, mélangez avec le poivron, le fenouil, les 4 oignons blancs, le concombre et les calmars cuits. Assaisonnez de 2 c. à s. d'huile d'olive, 1 c. à s. de vinaigre balsamique, le jus d'½ citron et d'1 c. à s. de basilic haché. Servez avec 1 salade verte.

MARDI **15**

Foie de veau aux champignons

5 mn 25 mn

Plongez les pommes de terre vapeur 5 mn dans l'eau bouillante pour les réchauffer. Faites sauter les champignons émincés 10 mn dans 1 c. à s. d'huile d'olive. Ajoutez 400 g de foie de veau et faites revenir 4 mn de chaque côté. Ajoutez 2 c. à s. de crème fraîche, du sel et du poivre. Servez chaud.

MERCREDI **16**

Gaspacho de tomates

10 mn 10 mn

Coupez 4 tranches de pain en cubes, arrosez d'huile d'olive et passez-les 10 mn sous le gril du four. Sortez le gaspacho de tomates, rectifiez l'assaisonnement et servez très frais, à l'assiette, avec les croûtons et 1 c. à s. de basilic haché.

JEUDI **17**

Tatin de courgettes

10 mn 10 mn

Réchauffez la tatin de courgettes 10 mn au four à 150 °C. Démoulez soigneusement sur une assiette et servez tiède avec 1 c. à s. de pesto rouge et 1 salade verte assaisonnée de 2 c. à s. d'huile d'olive, 1 c. à s. de vinaigre balsamique, de sel et de poivre.

VENDREDI **18**

Penne au pesto de tomates séchées

5 mn 15 mn

Faites cuire 250 g de penne selon les indications du paquet. Conservez 1 louche d'eau de cuisson et égouttez. Replacez dans la casserole avec le pesto de tomates et mélangez quelques secondes. Détendez si nécessaire avec un peu d'eau de cuisson et servez chaud.

ET AUSSI

MA LISTE de courses

LÉGUMES

500 g de champignons de Paris
300 g de pommes de terre
1 fenouil
1 botte de cresson
1 salade batavia
1 salade feuille de chêne
1 oignon, 1 échalote
1 citron
3 noix

VIANDES ET POISSONS

500 g de bar frais
16 noix de Saint-Jacques
4 fines escalopes de veau
8 tranches de bacon
4 tranches de jambon cru

CRÈMERIE

6 œufs
150 g de parmesan
1 yaourt brassé nature
30 cl de crème liquide
40 g de beurre

CONDIMENTS, HERBES ET ÉPICES

250 g de pâtes fraîches
8 tranches de pain
150 g de chapelure
100 g de farine
¼ de bouquet de ciboulette
1 bouquet de persil
1 cube de bouillon de volaille
Mélange de 5 baies
Moutarde de Dijon
Vinaigre balsamique
Vinaigre blanc
Huile de noix, huile d'olive
Sel, poivre

SEMAINE DU 21 AU 25 SEPTEMBRE 2020

JOURNÉE BATCH COOKING

1 h 20
35 mn

Préparez les légumes :

- Lavez et émincez 500 g de champignons de Paris.
- Lavez, épluchez et coupez 300 g de pommes de terre en morceaux.
- Lavez et émincez très finement 1 fenouil, arrosez d'1 c. à s. de jus de citron et réservez au frais.
- Lavez 1 botte de cresson dans de l'eau vinaigrée et essorez. Ôtez les tiges, hachez grossièrement et réservez au frais avec une feuille d'essuie-tout.
- Lavez et essorez 1 salade batavia et 1 salade feuille de chêne. Réservez-les au frais avec de l'essuie-tout.
- Épluchez et coupez 1 oignon et 1 échalote en rondelles.
- Lavez, triez et hachez ¼ de bouquet de ciboulette et 1 bouquet de persil.

Faites cuire les cubes de pommes de terre 10 mn à la vapeur ; ils doivent être cuits mais fermes. Laissez refroidir et placez au frais.

Préparez la soupe de champignons :
Dans une cocotte, faites suer l'oignon et l'échalote avec 2 c. à s. d'huile d'olive pendant 10 mn. Ajoutez les champignons et faites revenir encore 5 mn. Versez 70 cl d'eau, 1 cube de bouillon de volaille et faites cuire encore 10 mn. Mixez soigneusement, laissez refroidir et placez au frais.

Préparez le tartare de bar :
Coupez 500 g de bar frais en petits morceaux. Mélangez avec 2 c. à s. d'huile d'olive, 1 c. à s. d'huile de noix, la moitié du persil haché, 3 noix hachées et du poivre. Filmez au contact et réservez au frais.

Préparez la chapelure pour les escalopes milanaises :
Mélangez 150 g de chapelure et 50 g de parmesan râpé avec 2 c. à s. de persil haché. Réservez dans un bocal au frais.

Préparez la vinaigrette :
Mélangez 6 c. à s. d'huile d'olive avec 1 c. à s. de vinaigre balsamique, 1 c. à s. de jus de citron, 1 c. à c. de moutarde de Dijon, du sel et du poivre. Conservez au frais.

82

RECETTES POUR 4 PERSONNES

LUNDI
21

Tartare de bar au fenouil

10 mn 5 mn

Réchauffez les pommes de terre 5 mn dans l'eau bouillante et égouttez. Fouettez 1 yaourt brassé nature avec le jus d'½ citron, du sel et du poivre. Mélangez dans un saladier le tartare de bar et le fenouil au citron. Servez avec les pommes de terre chaudes et la sauce au yaourt.

MARDI
22

Tartines d'œufs brouillés au cresson et au bacon

10 mn 15 mn

Faites griller à sec 8 tranches de bacon. Dans un bol, fouettez 4 œufs avec 15 cl de crème liquide, du sel et du poivre. Faites cuire 10 mn au bain-marie, ajoutez la ciboulette et la botte de cresson hachées, puis mélangez. Faites toaster 4 tranches de pain et tartinez d'œufs brouillés au cresson. Ajoutez le bacon et servez avec la salade feuille de chêne et la moitié de la vinaigrette.

MERCREDI
23

Soupe froide aux champignons

10 mn 10 mn

Coupez 4 tranches de pain en cubes, arrosez d'huile d'olive et passez-les 10 mn sous le gril du four. Sortez la soupe aux champignons et mixez-la avec 15 cl de crème liquide. Salez et poivrez, puis allongez au besoin avec un peu d'eau. Servez avec 1 c. à s. de persil haché.

JEUDI
24

Salade terre et mer

10 mn 5 mn

Roulez 4 tranches de jambon cru sur des piques. Détaillez 100 g de parmesan en copeaux. Faites sauter 16 noix de Saint-Jacques à la poêle dans 20 g de beurre, 2 mn de chaque côté. Disposez le tout à l'assiette, sur un lit de salade batavia et arrosez du reste de vinaigrette. Saupoudrez de mélange de 5 baies.

VENDREDI
25

Escalopes milanaises

20 mn 10 mn 15 mn

Passez 4 fines escalopes de veau dans 100 g de farine. Trempez-les dans 2 œufs battus, puis dans la chapelure au parmesan, puis dans les œufs, puis dans la chapelure. Placez-les dans une assiette 10 mn au congélateur, puis faites-les sauter 10 mn dans 20 g de beurre et le reste de jus de citron. Servez avec 250 g de pâtes fraîches cuites selon les indications du paquet.

ET AUSSI

MA LISTE de courses

LÉGUMES

1,2 kg de carottes
1 kg de topinambours
1 kg de pommes de terre
2 navets
2 poireaux
3 gros oignons
2 gousses d'ail
½ citron

VIANDES ET POISSONS

400 g de queue de bœuf
400 g de paleron de bœuf
4 côtes de porc
4 tranches de jambon blanc

CRÈMERIE

45 g de beurre
60 g d'emmental râpé
2 carrés de fromage frais
20 cl de crème liquide
30 cl de lait

CONDIMENTS, HERBES ET ÉPICES

1 cube de bouillon de légumes
1 bouquet garni
2 clous de girofle
Curry
Curcuma
Muscade
Herbes de Provence
Moutarde
Huile d'olive
Sel, poivre

SEMAINE DU 28 SEPT. AU 2 OCT. 2020

JOURNÉE BATCH COOKING

1 h 20
2 h 30

Préparez les légumes :

- Lavez, épluchez et coupez 1,2 kg de carottes, 1 kg de topinambours, 1 kg de pommes de terre et 2 navets en morceaux, sans les mélanger.
- Lavez et coupez 2 poireaux en larges rondelles.
- Épluchez et piquez 1 gros oignon de 2 clous de girofle.
- Épluchez et coupez 2 gros oignons en fines rondelles.
- Épluchez et dégermez 2 gousses d'ail.

Préparez le pot-au-feu :
Dans un grand fait-tout, placez les poireaux et les navets et l'équivalent de 2 carottes avec les gousses d'ail et l'oignon planté de 2 clous de girofle. Ajoutez 400 g de queue de bœuf, 400 g de paleron de bœuf, 1 bouquet garni, du sel et 1,5 l d'eau. Couvrez et laissez frémir pendant 2 h 30. Laissez complètement refroidir avant de placer au frais.

Préparez la soupe de carottes :
Pendant la cuisson du pot-au-feu, faites suer dans une grande casserole les rondelles d'oignons avec 1 c. à s. d'huile d'olive et 5 g de beurre. Versez tous les morceaux de carottes et faites revenir encore 10 mn. Couvrez d'eau, ajoutez 1 cube de bouillon de légumes et laissez frémir 20 mn. Laissez refroidir et placez au frais.

Préparez les topinambours :
Toujours pendant la cuisson du pot-au-feu, faites cuire 1 kg de topinambours et 200 g de pommes de terre 20 mn dans le panier d'un cuiseur vapeur. Vérifiez la cuisson : les topinambours doivent être cuits mais fermes. Retirez 600 g de topinambours et réservez-les au frais (une fois refroidis). Poursuivez la cuisson encore 10 mn jusqu'à ce que les légumes soient fondants. Laissez refroidir et placez au frais.

Préparez les pommes de terre :
Toujours pendant la cuisson du pot-au-feu, placez dans une grande casserole 800 g de pommes de terre. Salez, couvrez d'eau, puis faites cuire 20 mn jusqu'à ce que les pommes de terre soient très tendres. Égouttez et écrasez-les au presse-purée avec 20 g de beurre. Détendez avec 20 cl de lait, salez, poivrez et ajoutez 1 pincée de muscade. Laissez refroidir et conservez au frais.

84

LUNDI
28

Purée de topinambours & côtes de porc

10 mn 15 mn

Écrasez 400 g de topinambours avec 200 g de pommes de terre et réchauffez 5 mn avec 20 g de beurre et 10 cl de lait. Assaisonnez et maintenez au chaud. Dans une poêle, faites chauffer 2 c. à s. d'huile d'olive et faites griller 4 côtes de porc à feu vif, 5 mn de chaque côté, avec 1 pincée d'herbes de Provence. Salez et poivrez en fin de cuisson.

MARDI
29

Pot-au-feu express

5 mn 20 mn

Réchauffez simplement le pot-au-feu : séparez le bouillon du reste des ingrédients et faites-le frémir. Puis ajoutez la viande et les légumes pour 20 mn à petits bouillons et à couvert. Rectifiez l'assaisonnement et servez. Vous devriez avoir des restes de viandes et de légumes pour plus tard.

MERCREDI
30

Soupe de carottes au curry et au curcuma

5 mn 15 mn

Dans une casserole, faites réchauffer 10 mn la soupe de carottes sans la faire bouillir et mixez soigneusement. Ajoutez 1 c. à c. de curry et 1 c. à c. de curcuma, du sel et du poivre. Ajoutez 2 carrés de fromage frais et mixez encore sur feu doux, jusqu'à obtenir un parfait velouté.

JEUDI
1

Topinambours à la crème & jambon blanc

10 mn

Sortez 600 g de topinambours du réfrigérateur 10 mn avant de servir. Préparez la sauce en fouettant 20 cl de crème liquide avec 1 c. à c. de moutarde, le jus d'½ citron, du sel et du poivre. Servez les topinambours accompagnés de cette sauce et de 4 tranches de jambon blanc.

VENDREDI
2

Parmentier de pot-au-feu

15 mn 30 mn

Sortez les restes de pot-au-feu et défaites soigneusement la viande. Écrasez-la légèrement avec les légumes pour obtenir une farce. Répartissez au fond d'un plat à gratin et recouvrez de la purée de pommes de terre. Parsemez de 60 g d'emmental râpé et enfournez 30 mn à 200 °C

ET AUSSI

MA LISTE de courses

LÉGUMES

1 courge spaghetti
1 gros chou vert
800 g de haricots verts
2 grosses (ou 4 petites) aubergines
7 tomates
2 carottes
3 oignons
3 gousses d'ail
½ citron

VIANDES ET POISSONS

700 g de bœuf haché
8 tranches de bacon

CRÈMERIE

4 œufs
130 g de feta
120 g de parmesan râpé
180 g d'emmental râpé
150 g de crème fraîche

CONDIMENTS, HERBES ET ÉPICES

250 g de penne
1 petite boîte de triple concentré de tomates
½ bouquet de menthe
Moutarde
Huile d'olive
Sel, poivre

SEMAINE DU 5 AU 9 OCTOBRE 2020

JOURNÉE BATCH COOKING

1 h

1 h 50

Préparez les légumes :
- Lavez et brossez 1 courge spaghetti, puis réservez.
- Lavez et coupez 1 gros chou vert en lanières. Entreposez au frais.
- Lavez, équeutez et coupez en deux 800 g de haricots verts.
- Lavez et coupez 2 grosses aubergines (ou 4 petites) en deux. Évidez-les et coupez la chair en dés.
- Lavez et coupez 7 tomates en dés.
- Lavez, épluchez et coupez 2 carottes en lanières à l'aide d'un épluche-légumes.
- Épluchez et coupez 3 oignons en rondelles.
- Épluchez et hachez 3 gousses d'ail.
- Lavez, essorez et triez ½ bouquet de menthe.

Préparez les œufs durs :
Dans une casserole d'eau froide, placez 4 œufs et faites bouillir. Comptez 10 mn à partir de l'ébullition. Laissez refroidir complètement et placez au frais sans les écaler.

Préparez les aubergines farcies :
Dans une poêle, faites revenir 1 gousse d'ail hachée et les rondelles d'1 oignon dans 1 c. à s. d'huile d'olive. Faites revenir 5 mn, puis ajoutez les dés d'aubergines et d'1 tomate. Ajoutez 400 g de bœuf haché et laissez cuire 15 mn. Salez, poivrez. Remplissez les demi-aubergines de cette farce, laissez refroidir et placez dans un plat à gratin au frais.

Préparez la sauce bolognaise :
Dans une grande casserole, faites dorer 1 gousse d'ail hachée et 2 oignons en rondelles dans 2 c. à s. d'huile d'olive. Ajoutez 300 g de bœuf haché et faites cuire encore 5 mn en remuant. Ajoutez les dés de 6 tomates et le contenu d'1 petite boîte de triple concentré de tomates dilué dans 1 verre d'eau. Salez, poivrez. Laissez mijoter 30 mn, puis laissez refroidir avant de mettre au frais.

Préparez les haricots verts :
Faites cuire les haricots verts 15 à 20 mn dans le panier d'un cuiseur vapeur : ils doivent rester fermes. Laissez refroidir totalement avant de mettre au réfrigérateur.

Préparez le chou sauté au bacon :
Dans une poêle, faites revenir les lanières de chou vert dans 1 c. à s. d'huile d'olive, 5 mn à feu vif. Faites réduire 10 mn, jusqu'à ce qu'il soit tendre, puis réservez le chou. Dans la même poêle, faites suer 1 gousse d'ail hachée et les lanières de 2 carottes dans 1 c. à s. d'huile d'olive. Ajoutez 8 tranches de bacon coupées en lanières et poursuivez la cuisson 5 mn. Déglacez avec un peu d'eau et laissez refroidir avant de mettre au frais avec le chou.

LUNDI **5**

Chou sauté au bacon

5 mn 10 mn

À la poêle, faites réchauffer 10 mn le chou mélangé à la préparation aux carottes et au bacon. Réservez ⅓ de la préparation pour plus tard et servez chaud.

MARDI **6**

Salade de haricots verts à la menthe et à la feta

15 mn

Préparez une vinaigrette avec 2 c. à s. d'huile d'olive, 1 c. à c. de moutarde, le jus et le zeste d'½ citron, du sel et du poivre. Dans un saladier, mélangez les haricots verts cuits, la menthe hachée, 4 œufs durs écalés et émincés et 130 g de feta émiettée. Arrosez de vinaigrette.

MERCREDI **7**

Aubergines farcies

5 mn 25 mn

Sortez les aubergines farcies du réfrigérateur et enfournez pour 15 mn à 180 °C. Parsemez de 120 g de parmesan râpé et laissez gratiner 10 mn. Les aubergines farcies sont prêtes lorsque la pointe d'un couteau entre sans résistance dans la chair.

JEUDI **8**

Penne & chou au bacon

5 mn 15 mn

Faites cuire 250 g de penne selon les indications du paquet. Pendant ce temps, réchauffez le reste de chou sauté au bacon. Ajoutez les pâtes égouttées à la préparation avec 150 g de crème fraîche. Poivrez et parsemez de 60 g d'emmental râpé au moment de servir.

VENDREDI **9**

Courge spaghetti à la bolognaise

20 mn 25 mn

Placez la courge spaghetti entière dans une grande marmite d'eau bouillante et faites cuire 20 mn jusqu'à ce qu'elle soit tendre. Pendant ce temps, réchauffez la bolognaise. Coupez la courge en deux, ôtez les pépins et effilochez la chair à la fourchette pour former des spaghettis. Ajoutez à la bolognaise et servez avec 120 g d'emmental râpé.

ET AUSSI

MA LISTE de courses

LÉGUMES

500 g de champignons de Paris
2 courgettes
7 fenouils
1 brocoli
1 laitue
2 échalotes
6 gousses d'ail
½ citron

VIANDES ET POISSONS

2 râbles de lapin
150 g de lardons fumés
4 filets de perche

CRÈMERIE

3 œufs
1 pâte feuilletée
60 g d'emmental râpé
80 g de fromage de chèvre frais
80 g de parmesan râpé
100 g de fromage blanc
200 g de crème fraîche
30 g de beurre
50 cl de lait

CONDIMENTS, HERBES ET ÉPICES

400 g de spaghettis
250 g de riz
1 c. à s. de farine
1 c. à c. de cassonade
½ bouquet de menthe
3 cubes de bouillon de légumes
Moutarde
Alcool anisé
Vin blanc
Vinaigre de vin
Huile d'olive
Sel, poivre

SEMAINE DU 12 AU 16 OCTOBRE 2020

JOURNÉE BATCH COOKING

1 h 15
1 h 30

Préparez les légumes :
- Lavez, essuyez et coupez en morceaux 500 g de champignons de Paris.
- Lavez et coupez 2 courgettes en tronçons.
- Lavez et coupez 7 fenouils en lanières.
- Lavez et détaillez 1 brocoli en fleurettes.
- Épluchez et taillez 2 échalotes en fines lanières.
- Épluchez et hachez 2 gousses d'ail.
- Lavez et essorez 1 laitue et conservez-la au frais dans un récipient hermétique avec une feuille d'essuie-tout.
- Lavez et triez ½ bouquet de menthe.

Préparez les fenouils :
Dans une grande poêle, faites revenir les gousses d'ail dans 2 c. à s. d'huile d'olive, puis ajoutez les fenouils, saupoudrez d'1 c. à c. de cassonade et laissez colorer encore 5 mn. Déglacez avec 1 petit verre de vin blanc et poursuivez la cuisson 10 mn, jusqu'à ce que les fenouils soient tendres. Salez, poivrez, et laissez refroidir complètement avant d'entreposer au frais.

Préparez le lapin aux champignons :
Découpez 2 râbles de lapin en tronçons. Dans une sauteuse, faites revenir 4 gousses d'ail en chemise dans 30 g de beurre. Ajoutez les morceaux de lapin et faites dorer à feu moyen 30 mn en tournant régulièrement. Ajoutez les champignons émincés et laissez réduire 10 mn, jusqu'à ce que l'eau de cuisson se soit évaporée. Salez, poivrez et laissez refroidir complètement avant de mettre au frais.

Préparez les lardons :
Dans une poêle, faites sauter 150 g de lardons fumés 5 mn afin d'en ôter la graisse et de les faire dorer. Égouttez sur une feuille d'essuie-tout et laissez refroidir avant d'entreposer au frais.

Préparez la soupe de courgettes et de brocoli :
Dans une casserole, faites suer les échalotes dans 1 c. à s. d'huile d'olive. Ajoutez les courgettes et le brocoli et poursuivez la cuisson encore 5 mn. Couvrez d'eau et ajoutez 2 cubes de bouillon de légumes. Salez, poivrez et laissez mijoter 15 mn. Mixez soigneusement et ajoutez 100 g de crème fraîche. Laissez refroidir et placez au frais.

Préparez la vinaigrette à l'anis :
Émulsionnez 4 c. à s. d'huile d'olive, 1 c. à c. de moutarde et 1 c. à s. de vinaigre de vin. Ajoutez quelques gouttes d'alcool anisé, salez et poivrez. Gardez dans un bocal au frais.

LUNDI
12

Lapin aux champignons

5 mn 15 mn

Réchauffez doucement la moitié du plat de lapin aux champignons et rectifiez l'assaisonnement. Pendant ce temps, faites cuire 250 g de riz selon les indications du paquet avec 1 cube de bouillon de légumes. Servez avec 100 g de crème fraîche.

MARDI
13

Filets de perche aux fenouils

5 mn 20 mn

Placez la moitié des fenouils braisés dans un plat allant au four et ajoutez un fond d'eau. Déposez par-dessus 4 filets de perche. Fouettez 100 g de fromage blanc, le jus d'½ citron et 1 c. à c. d'alcool anisé, puis nappez le poisson de ce mélange. Enfournez pour 20 mn à 190 °C, jusqu'à ce que le poisson soit cuit.

MERCREDI
14

Spaghettis aux champignons

10 mn 15 mn

Sortez le reste de lapin aux champignons et hachez-le à la main ou au mixeur. Faites doucement réchauffer cette farce à la poêle dans 1 c. à s. d'huile d'olive. Pendant ce temps, faites cuire 400 g de spaghettis selon les indications du paquet. Poivrez et servez avec 80 g de parmesan râpé.

JEUDI
15

Soupe de courgettes et de brocoli

5 mn 15 mn

Réchauffez doucement la soupe de courgettes et de brocoli sans la faire bouillir. Pendant ce temps, émiettez 80 g de fromage de chèvre frais et faites-le fondre dans la préparation. Rectifiez l'assaisonnement et servez avec la menthe hachée.

VENDREDI
16

Quiche aux fenouils et aux lardons

10 mn 25 mn

Dans un plat à tarte, étalez et piquez 1 pâte feuilletée. Battez 3 œufs, 1 c. à s. de farine, 50 cl de lait et 60 g d'emmental râpé. Ajoutez le reste des fenouils braisés et versez sur la pâte. Enfournez pour 25 mn à 200 °C. Servez avec la laitue et la vinaigrette anisée.

ET AUSSI

MA LISTE de courses

LÉGUMES

1 kg de pommes de terre
16 endives
1 chou frisé
4 carottes
5 oignons
2 citrons non traités

VIANDES ET POISSONS

300 g de petit salé
2 saucisses de Montbéliard
6 tranches de jambon fumé
6 tranches de jambon blanc
4 maquereaux

CRÈMERIE

200 g de reblochon
100 g de roquefort
100 g de fromage blanc
150 g de crème fraîche
80 g de beurre
80 cl de lait

CONDIMENTS, HERBES ET ÉPICES

9 feuilles de lasagnes
60 g de farine
50 g de chapelure
50 cl de vin blanc
10 cl de vinaigre blanc
2 bouquets garnis
3 clous de girofle
1 c. à c. de poivre en grains
Muscade
Moutarde
Huile d'olive
Sel, poivre

SEMAINE DU 19 AU 23 OCTOBRE 2020

JOURNÉE BATCH COOKING

1 h 15

1 h 50

Préparez les légumes :

- Lavez, épluchez et coupez 1 kg de pommes de terre en gros morceaux. Conservez-en 800 g dans de l'eau au réfrigérateur.
- Lavez et essuyez 16 endives, puis coupez-en la base.
- Lavez 1 chou frisé et coupez-le en 8 portions.
- Lavez, épluchez et taillez 4 carottes en rondelles.
- Pelez et taillez 5 oignons en rondelles.
- Taillez 1 citron non traité en rondelles.

Préparez la potée au chou :
Faites bouillir les morceaux de chou frisé pendant 30 mn. Pendant ce temps, faites revenir dans une grande cocotte 2 saucisses de Montbéliard, 300 g de petit salé et les rondelles d'1 oignon dans 2 c. à s. d'huile d'olive pendant 10 mn. Ajoutez 200 g de pommes de terre en morceaux, la moitié des rondelles de carottes, le chou blanchi et 1 bouquet garni. Ajoutez 1 grand verre d'eau. Couvrez et laissez cuire 1 h 20 à feu doux. Une fois la potée cuite, réservez à part la moitié des légumes. Entreposez dans deux plats séparés au frais.

Préparez les maquereaux au vin blanc :
Pendant la cuisson de la potée, salez 4 maquereaux pour les faire dégorger pendant 10 mn, puis essuyez-les. Dans une casserole, placez les rondelles de 2 oignons, de 2 carottes et du citron, 1 bouquet garni, 3 clous de girofle, 1 c. à c. de poivre en grains, 10 cl de vinaigre blanc et 50 cl de vin blanc. Portez à ébullition pendant 10 mn, puis plongez-y les maquereaux pour 10 mn. Versez les poissons avec leur marinade dans un plat et laissez refroidir avant de mettre au frais.

Préparez la béchamel :
Toujours pendant la cuisson de la potée, faites mousser dans une casserole 60 g de beurre, puis versez 60 g de farine. Mélangez pendant 5 mn sans laisser brunir. Versez 80 cl de lait petit à petit, en remuant. Quand la béchamel est épaisse, ajoutez du sel, du poivre et 1 pincée de muscade.

Préparez les endives :
Toujours pendant la cuisson de la potée, faites cuire 16 endives 20 mn dans de l'eau bouillante salée. Laissez refroidir, égouttez et gardez-en 8 au frais. Taillez les 8 autres en lanières et faites-les revenir dans 20 g de beurre avec les rondelles de 2 oignons. Salez et poivrez.

Préparez les lasagnes :
Faites précuire 9 feuilles de lasagnes 5 mn dans l'eau bouillante. Mélangez les lanières d'endives sautées avec la sauce béchamel et 100 g de roquefort émincé. Taillez 6 tranches de jambon blanc. Dans un plat à gratin, alternez une couche de lasagnes, une couche d'endives, une couche de jambon, en recommençant pour remplir le plat. Laissez refroidir et placez au frais.

90

LUNDI 19

Potée au chou frisé

15 mn

Faites réchauffer la potée de chou frisé 15 mn à feu doux. Rectifiez l'assaisonnement et ajoutez éventuellement 50 g de crème fraîche.

MARDI 20

Maquereaux au vin blanc

10 mn 15 mn

Sortez les maquereaux du réfrigérateur et égouttez-les. Faites cuire 800 g de pommes de terre 15 mn dans le panier d'un cuiseur vapeur. Servez avec les maquereaux accompagnés d'une sauce faite de 100 g de fromage blanc, le jus d'½ citron, 1 c. à c. de moutarde, de sel et de poivre.

MERCREDI 21

Endives au reblochon

15 mn 15 mn

Coupez 8 endives cuites en deux dans le sens de la longueur et creusez-les légèrement. Mixez ensemble la chair des endives, 200 g de reblochon coupé en dés et 6 tranches de jambon fumé. Garnissez les demi-endives de cette farce, poivrez et parsemez de 50 g de chapelure. Enfournez 15 mn à 190 °C.

JEUDI 22

Soupe au chou

10 mn 10 mn

Sortez les légumes cuits de la potée du réfrigérateur. Placez-les dans une casserole et couvrez d'eau. Laissez frémir 10 mn avant de mixer soigneusement et d'ajouter 100 g de crème fraîche. Rectifiez l'assaisonnement et servez.

VENDREDI 23

Lasagnes aux endives

30 mn

Sortez le plat de lasagnes du réfrigérateur et enfournez pour 30 mn à 220 °C.

ET AUSSI

MA LISTE de courses

LÉGUMES

1 potimarron
400 g de champignons de Paris
200 g de pommes de terre
3 carottes
2 navets
2 oignons
4 échalotes
4 gousses d'ail
1 salade verte
2 pommes
½ citron
1 c. à s. de raisins de Corinthe

VIANDES ET POISSONS

1 kg de rôti de porc
12 grosses crevettes décortiquées

CRÈMERIE

3 œufs
1 pâte brisée
100 g de comté râpé
60 g de parmesan râpé
150 g de crème fraîche
20 cl de lait

CONDIMENTS, HERBES ET ÉPICES

400 g de linguine
400 g de riz
300 g de châtaignes cuites en bocal
1 c. à s. d'amandes effilées
2 cubes de bouillon de légumes
Miel
Piment en poudre
Moutarde
Vinaigre
Huile d'olive
Sel, poivre

SEMAINE DU 26 AU 30 OCTOBRE 2020

JOURNÉE BATCH COOKING

1 h 30

2 h 10

Préparez les légumes :

- Lavez, coupez en deux et évidez 1 potimarron. Filmez et conservez au frais.
- Lavez et émincez 400 g de champignons de Paris.
- Lavez, épluchez et coupez 200 g de pommes de terre en morceaux.
- Lavez, épluchez et taillez 3 carottes et 2 navets en fines rondelles.
- Épluchez et coupez 2 oignons en morceaux.
- Pelez et taillez 4 échalotes en rondelles.
- Épluchez et pressez 4 gousses d'ail.
- Lavez et essorez 1 salade verte. Conservez-la au frais avec une feuille d'essuie-tout.
- Lavez, épluchez et coupez 2 pommes en quartiers.

Préparez le rôti de porc :

Badigeonnez 1 kg de rôti de porc avec un mélange fait de 2 c. à s. de moutarde, 1 c. à s. de miel, 2 gousses d'ail pressées, du sel et du poivre. Déposez le rôti dans un plat allant au four, entouré des morceaux de 2 oignons et de 2 pommes. Ajoutez 1 verre d'eau, salez, poivrez et enfournez pour 1 h 30 à 180 °C. Arrosez de temps en temps pour conserver la tendresse de la viande. Laissez refroidir et placez au frais.

Préparez la soupe :

Pendant que le rôti cuit, faites suer les rondelles d'échalotes dans 1 c. à s. d'huile d'olive. Ajoutez 300 g de châtaignes cuites en bocal, les morceaux de pommes de terre et 300 g de champignons émincés. Faites revenir 5 mn, puis couvrez d'eau et ajoutez 1 cube de bouillon de légumes. Laissez frémir 25 mn. Salez, poivrez et mixez soigneusement. Laissez refroidir avant de mettre au frais.

Préparez la tarte aux carottes et aux navets :

Toujours pendant que le rôti cuit, faites cuire les rondelles de carottes et de navets 20 mn dans un panier vapeur ; les légumes doivent être bien tendres. Écrasez-en légèrement la moitié. Dans un saladier, battez 3 œufs avec 20 cl de lait, 100 g de comté râpé et du poivre. Ajoutez les légumes (écrasés et non écrasés) et mélangez bien. Étalez et piquez 1 pâte brisée dans un plat à tarte et versez la préparation dessus. Enfournez pour 40 mn à 180 °C. Laissez refroidir et placez au frais.

Préparez la marinade des crevettes :

Faites mariner 12 grosses crevettes décortiquées dans un mélange de 2 gousses d'ail pressées, 4 pincées de piment en poudre, 4 c. à s. d'huile d'olive et le jus d'½ citron. Filmez et placez au frais.

LUNDI
26

Pâtes aux crevettes et à l'ail

5 mn 20 mn

Faites cuire 400 g de linguine selon les indications du paquet. Dans une poêle, faites revenir les crevettes marinées avec leur marinade 10 mn à feu vif. Salez et poivrez. Ajoutez 1 c. à s. d'eau de cuisson des pâtes pour déglacer et servez avec 60 g de parmesan râpé.

MARDI
27

Rôti de porc à la moutarde et au miel

5 mn 20 mn

Sortez le rôti de porc du réfrigérateur, couvrez-le de papier aluminium et réchauffez-le 20 mn à 150 °C. Pendant ce temps, faites cuire 400 g de riz selon les indications du paquet avec 1 cube de bouillon de légumes. Servez chaud et conservez les restes pour jeudi.

MERCREDI
28

Tarte aux carottes et aux navets

5 mn 20 mn

Sortez la tarte du réfrigérateur, couvrez-la de papier aluminium et réchauffez-la 15 mn au four à 150 °C, puis découvrez et faites gratiner encore 5 mn. Servez avec 1 salade verte et une vinaigrette faite avec 2 c. à s. d'huile d'olive, 1 c. à c. de moutarde, 1 c. à c. de miel, 1 c. à s. de vinaigre, du sel et du poivre.

JEUDI
29

Potimarron farci au porc

15 mn 35 mn

Sortez les restes de rôti de porc et mixez-les pour obtenir une farce. Mélangez avec le reste de riz et ajoutez 1 c. à s. de raisins de Corinthe et 1 c. à s. d'amandes effilées. Farcissez les moitiés de potimarron évidées et enfournez pour 35 mn à 200 °C. La pointe d'un couteau doit s'y enfoncer sans résistance.

VENDREDI
30

Soupe de champignons et de châtaignes

5 mn 10 mn

Sortez la soupe de champignons et de châtaignes, ajoutez 150 g de crème fraîche et réchauffez 10 mn en remuant. Pendant ce temps, faites revenir 5 mn dans une poêle le reste des champignons émincés dans 1 c. à s. d'huile d'olive. Servez la soupe accompagnée des champignons grillés.

ET AUSSI

93

MA LISTE de courses

LÉGUMES

1,6 kg de courge
20 salsifis
4 pommes de terre
4 carottes
4 oignons
300 g de champignons de Paris
½ citron

VIANDES ET POISSONS

800 g de bœuf en morceaux
150 g de lardons
8 tranches de bacon

CRÈMERIE

110 g de beurre
80 g d'emmental râpé
60 g de parmesan râpé
1,5 l de lait

CONDIMENTS, HERBES ET ÉPICES

250 g de riz
200 g de cannellonis prêts à cuire
160 g de pois chiches cuits
120 g de farine
50 cl de lait de coco
50 cl de vin rouge
80 cl de coulis de tomates
1 bouquet garni
½ bouquet de coriandre
1 c. à s. de pâte de curry jaune
Muscade
Huile d'olive
Sel, poivre

SEMAINE DU 2 AU 6 NOVEMBRE 2020

JOURNÉE BATCH COOKING

1 h

2 h

Préparez les légumes :

• Lavez et coupez 1,6 kg de courge en morceaux.
• Lavez 20 salsifis et épluchez-les sous l'eau froide. Coupez-les en tronçons de 5 cm, puis mettez-les à tremper dans de l'eau citronnée pour éviter l'oxydation.
• Lavez, épluchez et coupez 4 pommes de terre en morceaux et 4 carottes en tronçons.
• Épluchez et coupez 4 oignons en morceaux.
• Lavez 300 g de champignons de Paris.
• Lavez, triez et hachez ½ bouquet de coriandre. Gardez dans un bocal au frais.

Préparez le bourguignon express :
Dans une cocotte, faites dorer 800 g de bœuf en morceaux, les champignons émincés, 2 oignons, les carottes et les pommes de terre dans 3 c. à s. d'huile d'olive pendant 10 mn. Saupoudrez de 60 g de farine et laissez cuire encore 3 mn. Recouvrez de 50 cl de vin rouge, ajoutez 1 bouquet garni, du sel, du poivre, et laissez mijoter 1 h 30. Laissez complètement refroidir et placez au frais.

Préparez le curry de courge veggie :
Pendant la cuisson du bœuf, faites suer dans une sauteuse 2 oignons avec 1 c. à s. d'huile d'olive. Ajoutez la moitié des morceaux de courge, 160 g de pois chiches cuits égouttés, 1 c. à s. de pâte de curry jaune et 50 cl de lait de coco. Faites mijoter 30 mn et rectifiez l'assaisonnement. Laissez refroidir et placez au frais.

Préparez la soupe de courge :
Toujours pendant la cuisson du bœuf, faites revenir dans une grande casserole le reste de courge dans 30 g de beurre et laissez dorer 10 mn. Salez, poivrez, ajoutez 2 pincées de muscade et couvrez de 70 cl de lait. Laissez frémir pendant 30 mn et gardez au frais.

Préparez les salsifis :
Toujours pendant la cuisson du bœuf, faites cuire les salsifis 20 mn dans l'eau bouillante, puis faites-les sauter 10 mn avec 20 g de beurre, 150 g de lardons et un peu de poivre. Laissez refroidir et conservez au frais.

Préparez la béchamel :
Faites mousser 60 g de beurre dans une casserole, puis versez 60 g de farine. Mélangez et laissez cuire 5 mn sans laisser brunir. Versez 80 cl de lait petit à petit. Quand la béchamel est épaisse, ajoutez du sel, du poivre et 1 pincée de muscade. Laissez refroidir complètement avant de mettre au frais.

94

LUNDI
2

Bourguignon express

20 mn

Sortez le bœuf bourguignon, réservez-en 1/3 au frais et réchauffez les 2/3 restants 20 mn à feu doux. Ajoutez un peu d'eau si besoin en cours de cuisson, vérifiez l'assaisonnement et servez bien chaud.

MARDI
3

Soupe de courge au lait

10 mn 10 mn

Sortez la soupe de courge non mixée du réfrigérateur et réchauffez-la 10 mn à feu doux sans la faire bouillir. Pendant ce temps, faites griller à sec 8 tranches de bacon. Mixez la soupe au dernier moment, rectifiez l'assaisonnement et servez avec 2 tranches de bacon par personne.

MERCREDI
4

Gratin de salsifis aux lardons

5 mn 25 mn

Mélangez la béchamel, les salsifis et les lardons. Rectifiez l'assaisonnement. Placez dans un plat à gratin et parsemez de 80 g d'emmental râpé. Enfournez pour 25 mn à 180 °C et servez bien chaud.

JEUDI
5

Cannellonis au bœuf

15 mn 40 mn

Sortez le reste de bœuf bourguignon et hachez grossièrement la viande et les légumes. Garnissez 200 g de cannellonis prêts à cuire de cette farce. Placez dans un plat à gratin, recouvrez de 80 cl de coulis de tomates salé et poivré. Ajoutez 60 g de parmesan râpé et enfournez pour 40 mn à 180 °C.

VENDREDI
6

Curry de courge veggie

5 mn 15 mn

Réchauffez le curry de courge 15 mn à feu très doux. Pendant ce temps, faites cuire 250 g de riz selon les indications du paquet. Servez le curry accompagné du riz et parsemez de la coriandre hachée.

ET AUSSI

95

MA LISTE de courses

LÉGUMES

7 poireaux
800 g de pommes de terre
250 g de champignons de Paris
6 oignons
7 gousses d'ail
2 salades vertes
1 cm de gingembre frais
1 citron vert

VIANDES ET POISSONS

4 escalopes de dinde
6 tranches de jambon sec
12 noix de Saint-Jacques

CRÈMERIE

7 œufs
3 yaourts nature
100 g d'emmental râpé
60 g de parmesan râpé
200 g de crème fraîche
90 g de beurre

CONDIMENTS, HERBES ET ÉPICES

250 g de riz
4 tranches de pain épaisses
4 c. à s. de chapelure
12 cl de vin blanc
1 cube de bouillon de volaille
1 bouquet de persil
2 c. à s. d'épices tandoori
Paprika
Vinaigre balsamique
Huile d'olive
Sel, poivre

SEMAINE DU 9 AU 13 NOVEMBRE 2020

JOURNÉE BATCH COOKING

1 h 10

1 h 30

Préparez les légumes :
- Lavez soigneusement et coupez 7 poireaux : séparez les verts des blancs et taillez les blancs en rondelles de 3 cm.
- Lavez, épluchez et coupez 800 g de pommes de terre en rondelles.
- Lavez et hachez 250 g de champignons de Paris.
- Épluchez 6 oignons et hachez-en 5. Coupez le dernier en gros morceaux.
- Épluchez 7 gousses d'ail et hachez-en 3. Pressez les 4 autres.
- Lavez, épluchez et râpez 1 cm de gingembre frais.
- Lavez, triez et hachez 1 bouquet de persil.
- Lavez et essorez 2 salades vertes. Conservez-les au frais avec une feuille d'essuie-tout.

Préparez la soupe de poireaux :
Faites revenir l'oignon en morceaux dans 1 c. à s. d'huile d'olive. Ajoutez le vert des poireaux et 300 g de pommes de terre. Couvrez d'eau, ajoutez 1 cube de bouillon de volaille et laissez frémir 30 mn. Mixez, laissez refroidir complètement et conservez au frais.

Préparez le gratin de poireaux :
Dans une sauteuse, faites fondre 30 g de beurre et ajoutez 2 gousses d'ail hachées. Laissez revenir 5 mn et déposez les blancs de poireaux en rondelles. Faites dorer 5 mn sur chaque face, puis couvrez et poursuivez la cuisson 10 mn. Salez, poivrez et saupoudrez de paprika. Laissez refroidir et gardez au frais.

Préparez les pommes de terre :
Faites cuire les rondelles de 500 g de pommes de terre 15 mn dans un cuiseur vapeur. Elles doivent être cuites mais fermes. Laissez refroidir et conservez au frais.

Préparez la farce des noix de Saint-Jacques :
Dans une poêle, faites suer 4 gousses d'ail pressées, 4 oignons, les champignons et le persil hachés dans 30 g de beurre moussant. Couvrez de 12 cl de vin blanc. Faites revenir cette farce jusqu'à ce que tous les ingrédients soient bien cuits et le vin évaporé.

Préparez les escalopes de dinde :
Dans un grand bol, fouettez 2 yaourts nature avec 1 oignon et 1 gousse d'ail hachés, 2 c. à s. d'épices tandoori, le gingembre râpé, le jus d'½ citron vert, 1 c. à s. d'huile d'olive, du sel et du poivre. Placez 4 escalopes de dinde dans un plat, enrobez-les de cette marinade, couvrez et gardez au frais.

96

LUNDI 9

Escalopes de dinde façon tandoori & riz

10 mn 25 mn

Sortez les escalopes marinées et placez-les sur la plaque du four recouverte de papier cuisson. Faites cuire 20 à 25 mn en fonction de l'épaisseur des escalopes. Pendant ce temps, faites cuire 250 g de riz selon les indications du paquet. Servez avec une sauce faite d'1 yaourt nature fouetté avec le jus d'½ citron vert, de sel et de poivre.

MARDI 10

Soupe de poireaux et de pommes de terre

5 mn 15 mn

Faites réchauffer la soupe 15 mn à feu doux. Pendant ce temps, coupez 4 tranches de pain épaisses en cubes et faites-les revenir dans 1 c. à s. d'huile d'olive à la poêle. Servez la soupe avec ces croûtons et 100 g d'emmental râpé.

MERCREDI 11

Armistice de 1918

Omelette aux pommes de terre

10 mn 15 mn

Dans une poêle, faites revenir les rondelles de pommes de terre vapeur dans 2 c. à s. d'huile d'olive pendant 10 mn. Battez 6 œufs, salez, poivrez et versez sur les pommes de terre. Laissez cuire 5 mn jusqu'à ce que les œufs soient pris et servez avec 1 salade verte assaisonnée de 2 c. à s. d'huile d'olive, 1 c. à s. de vinaigre balsamique, du sel et du poivre.

JEUDI 12

Gratin de poireaux

10 mn 15 mn

Placez les blancs de poireaux dans un plat à gratin et recouvrez de 6 tranches de jambon sec en lanières. Battez 1 œuf avec 200 g de crème fraîche et 60 g de parmesan. Versez sur les poireaux et enfournez pour 15 mn à 200 °C, jusqu'à ce que le gratin soit doré.

VENDREDI 13

Noix de Saint-Jacques gratinées & salade verte

15 mn 20 mn

Versez la farce aux champignons dans 4 ramequins. Faites revenir à la poêle 12 noix de Saint-Jacques dans 30 g de beurre, 2 mn de chaque côté à feu vif. Placez les Saint-Jacques sur la farce, recouvrez de 4 c. à s. de chapelure et enfournez pour 15 mn à 220 °C. Servez avec 1 salade verte assaisonnée de 2 c. à s. d'huile d'olive, 1 c. à s. de vinaigre balsamique, du sel et du poivre.

ET AUSSI

MA LISTE de courses

LÉGUMES

1 kg de choux de Bruxelles
2 poireaux
1 patate douce
4 panais
2 oignons
2 échalotes
12 gousses d'ail
1 salade verte
250 g de mâche
½ citron
50 g de raisins secs blonds

VIANDES ET POISSONS

150 g de lard fumé

CRÈMERIE

6 œufs
60 g de parmesan râpé
20 g de beurre
10 cl de crème liquide

CONDIMENTS, HERBES ET ÉPICES

500 g de spaghettis
4 tranches de pain de mie
150 g de chapelure
3 c. à s. de farine
15 cl de crème de coco
2 c. à s. de sauce soja
1 cube de bouillon de volaille
1 petit piment oiseau
Paprika fumé
Muscade
Ketchup
Huile neutre
Huile d'olive
Sel, poivre

SEMAINE DU 16 AU 20 NOVEMBRE 2020

JOURNÉE BATCH COOKING

1 h 30
1 h 15

Préparez les légumes :
- Épluchez et lavez 1 kg de choux de Bruxelles.
- Lavez soigneusement et taillez 2 poireaux en rondelles (blanc et vert).
- Lavez, épluchez et coupez 1 patate douce en cubes.
- Lavez, épluchez et taillez 4 panais en frites.
- Épluchez et taillez 2 oignons et 2 échalotes en rondelles. Réservez les échalotes au frais.
- Épluchez et dégermez 12 gousses d'ail.
- Lavez et essorez 1 salade verte et 250 g de mâche, puis réservez au frais avec une feuille d'essuie-tout.

Préparez la soupe :
Dans une casserole, faites dorer les oignons en rondelles avec 1 c. à s. d'huile d'olive. Ajoutez les poireaux et la patate douce et faites dorer 10 mn en remuant. Couvrez de 75 cl d'eau, ajoutez 1 cube de bouillon de volaille, 1 pincée de muscade et du poivre. Laissez frémir 30 mn, puis mixez pour obtenir un velouté. Laissez refroidir et placez au frais.

Préparez les choux de Bruxelles :
Faites cuire les choux de Bruxelles 10 à 15 mn dans une casserole d'eau bouillante salée. Égouttez et réservez-en la moitié (refroidie) au frais.

Préparez les panais :
Dans un saladier, mélangez à la main les frites de panais avec 2 c. à s. d'huile d'olive, 1 c. à s. de paprika fumé, du sel et du poivre. Couvrez et réservez au frais.

Préparez l'ail :
Placez les gousses d'ail dans un bol, ajoutez 1 petit piment oiseau (ou moins, selon votre goût) émietté et couvrez d'huile d'olive. Entreposez au frais.

Préparez la vinaigrette :
Émulsionnez 4 c. à s. d'huile d'olive avec 2 c. à s. de sauce soja et le jus d'½ citron. Salez, poivrez et conservez au frais dans un bocal hermétique.

Préparez les choux de Bruxelles panés :
Dans un saladier, roulez 500 g de choux de Bruxelles cuits dans 3 c. à s. de farine. Passez chaque chou dans 2 œufs battus, puis 50 g de chapelure, puis à nouveau dans les œufs et dans la chapelure. Faites frire environ 10 mn dans une sauteuse remplie d'huile neutre chaude, puis égouttez sur de l'essuie-tout et laissez refroidir avant de mettre au frais.

RECETTES POUR 4 PERSONNES

LUNDI **16**

Choux de Bruxelles panés

5 mn 15 mn

Sortez les choux de Bruxelles panés du réfrigérateur et disposez-les sur une plaque de cuisson avec les frites de panais, sur une seule couche. Enfournez pour 15 mn à 220 °C, pour que les panais soient bien dorés. Servez avec du ketchup et la salade verte assaisonnée de la moitié de la vinaigrette.

MARDI **17**

Spaghettis à l'ail

10 mn 15 mn

Faites cuire 500 g de spaghettis selon les indications du paquet. Pendant ce temps, faites confire 15 mn les gousses d'ail au piment avec l'huile. À part, torréfiez 100 g de chapelure à sec dans une poêle, puis mélangez les pâtes, l'ail confit, la chapelure et du sel. Servez les ⅔ avec 60 g de parmesan râpé et réservez le reste (refroidi) au frais.

MERCREDI **18**

Soupe de poireaux et de patate douce

5 mn 10 mn

Réchauffez doucement le velouté de poireaux et de patate douce en remuant et sans faire bouillir. Ajoutez 15 cl de crème de coco. Rectifiez l'assaisonnement et servez bien chaud.

JEUDI **19**

Poêlée de choux de Bruxelles

10 mn 15 mn

Coupez en deux le reste de choux de Bruxelles cuits. Coupez 150 g de lard fumé en lardons. Dans une poêle, faites revenir les rondelles d'échalotes dans 1 c. à s. d'huile d'olive. Ajoutez le lard fumé, puis les choux de Bruxelles et 50 g de raisins secs blonds. Faites cuire encore 10 mn et servez.

VENDREDI **20**

Œufs cocottes aux pâtes

10 mn 10 mn

Préchauffez votre four à 240 °C avec un plat à gratin rempli d'eau. Beurrez (20 g) 4 ramequins et répartissez les restes de spaghettis à l'ail en nid. Cassez 1 œuf dans chaque ramequin, salez, poivrez et arrosez de 10 cl de crème liquide. Enfournez au bain-marie pour 6 mn. Servez avec 4 tranches de pain de mie grillées, la mâche et le reste de vinaigrette.

ET AUSSI

99

MA LISTE de courses

LÉGUMES

1 kg de pommes de terre
800 g d'épinards
1 poireau
4 carottes
2 navets
2 oignons
4 échalotes
2 gousses d'ail

VIANDES ET POISSONS

1 poule
4 côtes de veau
2 belles daurades

CRÈMERIE

3 blancs d'œufs
165 g de beurre
30 cl de crème liquide
5 cl de lait

CONDIMENTS, HERBES ET ÉPICES

2 kg de sel
150 g de vermicelles
1 bouquet garni
10 branches de persil plat
3 c. à s. de farine
20 cl de vin blanc
Vinaigre de cidre
Huile d'olive
Sel, poivre

SEMAINE DU 23 AU 27 NOVEMBRE 2020

JOURNÉE BATCH COOKING

1 h
2 h

Préparez les légumes :

- Lavez, épluchez et coupez 1 kg de pommes de terre, 4 carottes et 2 navets en morceaux.
- Lavez et essorez 800 g d'épinards, puis ôtez la nervure centrale.
- Lavez soigneusement et taillez 1 poireau en rondelles en séparant le blanc du vert.
- Épluchez et coupez 2 oignons en morceaux.
- Épluchez et hachez très finement 4 échalotes.
- Lavez, triez et hachez les feuilles de 10 branches de persil plat. Gardez-les au frais.

Préparez la poule au pot (partie 1) :
Dans une grande cocotte, placez 1 poule, les oignons, 1 bouquet garni, le vert du poireau, du sel et du poivre. Couvrez largement d'eau et laissez cuire 1 h 30 en écumant de temps en temps.

Préparez la sauce au beurre blanc :
Pendant la cuisson de la poule, faites fondre dans une casserole les échalotes avec 20 cl de vin blanc et 3 c. à c. de vinaigre de cidre. Lorsque le mélange est évaporé (mais pas sec), ajoutez progressivement 125 g de beurre froid coupé en morceaux et fouettez doucement. Versez 10 cl de crème liquide, du sel et du poivre. Fouettez encore 5 mn et laissez refroidir complètement. Couvrez et mettez au frais.

Préparez les pommes de terre :
Toujours pendant la cuisson de la poule, faites cuire les pommes de terre 15 mn à la vapeur. La pointe d'un couteau doit s'y enfoncer sans trop de résistance. Laissez refroidir complètement et mettez au frais.

Préparez les épinards :
Toujours pendant la cuisson de la poule, faites blanchir les épinards dans une grande casserole d'eau bouillante salée pendant 4 mn, le temps que les feuilles flétrissent. Passez sous l'eau froide pour arrêter la cuisson et laissez refroidir avant de mettre au frais.

Préparez la poule au pot (partie 2) :
Au bout d'1 h 30, ajoutez le blanc du poireau, les morceaux de carottes, de navets et de 200 g de pommes de terre cuites. Poursuivez la cuisson 25 mn. Laissez refroidir complètement et réservez au frais.

RECETTES POUR 4 PERSONNES

LUNDI
23

Vermicelles au bouillon

5 mn 10 mn

Prélevez 5 louches du bouillon de la poule au pot et faites-le réchauffer doucement avec 150 g de vermicelles. Rectifiez l'assaisonnement et servez avec le persil plat haché.

MARDI
24

Daurade en croûte de sel

15 mn 25 mn

Préparez un lit de sel sur la plaque du four. Placez-y 2 belles daurades. Mélangez 3 blancs d'œufs et 2 kg de sel et recouvrez-en complètement les daurades. Faites cuire 25 mn à 220 °C. Pendant ce temps, réchauffez doucement le beurre blanc et 400 g de pommes de terre. Cassez la croûte de sel, servez 1 daurade et réservez l'autre (refroidie) au frais.

MERCREDI
25

Poule au pot

20 mn

Faites réchauffer doucement la poule au pot avec ses légumes pendant 20 mn. La viande doit se détacher très facilement. Servez bien chaud.

JEUDI
26

Côtes de veau aux épinards

5 mn 10 mn

Passez 4 côtes de veau dans 3 c. à s. de farine, puis faites-les dorer 5 mn de chaque côté dans 20 g de beurre. Déglacez avec 10 cl de crème liquide. Pendant ce temps, faites sauter les épinards blanchis dans 20 g de beurre pendant 10 mn, puis ajoutez du sel, du poivre et 10 cl de crème liquide.

VENDREDI
27

Brandade de daurade

15 mn 15 mn

Dans une casserole sur feu doux, réchauffez et écrasez 400 g de pommes de terre vapeur avec 5 cl de lait. Incorporez les filets émiettés de la daurade restante, 2 gousses d'ail épluchées et pressées et 4 c. à s. d'huile d'olive ajoutées progressivement. Rectifiez l'assaisonnement et servez aussitôt.

ET AUSSI

MA LISTE de courses

LÉGUMES

400 g de pommes de terre
8 panais
1 potimarron
1 petit chou vert frisé
2 salades vertes
1 oignon, 1 gousse d'ail
50 g de raisins secs

VIANDES ET POISSONS

250 g de saumon fumé
8 aiguillettes de poulet
12 grosses crevettes

CRÈMERIE

7 œufs
1 pâte feuilletée
125 g de parmesan râpé
175 g de beurre
300 g de crème fraîche
5 cl de lait (facultatif)

CONDIMENTS, HERBES ET ÉPICES

250 g de riz
125 g de farine
50 g d'amandes effilées
2 cubes de bouillon de légumes
2 c. à s. de sauce soja
1 c. à s. de graines de sésame
Paprika
Cumin
Curcuma
Muscade
Cannelle
Gingembre râpé
Vinaigre
Huile de sésame grillé, huile d'olive
Sel, poivre

SEMAINE DU 30 NOV. AU 4 DÉC. 2020

JOURNÉE BATCH COOKING

1 h 30
45 mn

Préparez les légumes :

- Épluchez et coupez 400 g de pommes de terre en gros morceaux.
- Lavez, épluchez et coupez 8 panais en gros morceaux.
- Lavez, évidez et coupez 1 potimarron en gros cubes.
- Lavez et coupez 1 chou vert frisé en larges lanières.
- Épluchez et coupez 1 oignon en rondelles.
- Lavez et essorez 2 salades vertes. Conservez au réfrigérateur avec des feuilles d'essuie-tout.

Préparez la purée et la soupe de panais :
Dans une casserole, plongez les panais et les pommes de terre dans un grand volume d'eau froide et portez à ébullition avec 2 cubes de bouillon de légumes, du sel et du poivre. Faites cuire environ 20 mn. Prélevez la moitié des légumes. S'il reste beaucoup d'eau de cuisson, réservez-en une partie dans un récipient et mixez la soupe de panais afin d'obtenir un velouté épais. Rectifiez l'assaisonnement, laissez refroidir complètement et placez au frais.

Placez l'autre moitié des légumes dans une casserole et réchauffez à feu doux en écrasant à l'aide d'un presse-purée. Ajoutez 30 g de beurre et 100 g de crème fraîche. Rectifiez l'assaisonnement et laissez refroidir la purée avant de la mettre au frais.

Préparez le potimarron :
Placez le potimarron dans un grand récipient avec 2 c. à s. d'huile d'olive, 50 g de raisins secs, 50 g d'amandes effilées, 1 c. à c. de paprika, ½ c. à c. de cumin, ½ c. à c. de curcuma, 1 pincée de muscade, du sel et du poivre. Mélangez bien. Réservez au frais.

Préparez le chou :
Dans un grand volume d'eau bouillante salée, faites blanchir le chou frisé en lanières pendant 10 mn. Égouttez-le et faites-le revenir 10 mn à la poêle avec 1 oignon en rondelles dans 1 c. à s. d'huile d'olive. Laissez refroidir et mettez au frais.

Préparez la pâte à crumble :
Dans un saladier, travaillez rapidement 125 g de farine et 125 g de beurre très froid coupé en morceaux. Ajoutez 125 g de parmesan râpé. Vous devez obtenir un sable grossier. Lorsque la pâte à crumble est prête, formez une boule, filmez et placez-la au frais.

Préparez la vinaigrette :
Mélangez 1 gousse d'ail épluchée et pressée, 6 c. à s. d'huile de sésame grillé, 2 c. à s. de sauce soja, 1 c. à s. de graines de sésame et du poivre. Gardez dans un bocal au frais.

RECETTES POUR 4 PERSONNES

LUNDI
30

Purée de panais & aiguillettes de poulet

5 mn — 20 mn

Réchauffez doucement la purée de panais, avec 5 cl de lait ou d'eau pour la détendre. Dans une poêle, faites revenir 8 aiguillettes de poulet dans 20 g de beurre, avec 1 pincée de cannelle et 1 pincée de gingembre râpé, pendant 10 mn. Salez, poivrez et servez les aiguillettes dorées sur la purée.

MARDI
1

Crumble de potimarron

10 mn — 30 mn

Dans un plat allant au four, étalez le potimarron aux épices, aux raisins et aux amandes et couvrez de la pâte à crumble en l'émiettant de manière irrégulière. Enfournez pour 30 mn à 220 °C. Servez le crumble chaud avec 1 salade verte assaisonnée d'$\frac{1}{3}$ de la vinaigrette.

MERCREDI
2

Velouté de panais & œufs pochés

5 mn — 15 mn

Réchauffez le velouté de panais sur feu doux. Dans une casserole d'eau frémissante vinaigrée, faites pocher 4 œufs pendant 3 à 5 mn, en remuant l'eau pour permettre aux blancs de bien coaguler. Servez le velouté au bol avec 1 œuf poché, 1 c. à c. de crème fraîche, du sel et du poivre.

JEUDI
3

Crevettes sautées & riz

5 mn — 15 mn

Faites cuire 250 g de riz selon les indications du paquet. Pendant ce temps, faites sauter à feu vif 12 grosses crevettes dans 1 c. à s. d'huile d'olive pendant 7 mn. Les crevettes doivent être bien dorées. Au dernier moment, arrosez du reste de vinaigrette et servez sans attendre avec le riz.

VENDREDI
4

Tarte au chou et au saumon

15 mn — 25 mn

Disposez 1 pâte feuilletée dans un plat à tarte. Étalez-y le chou et les oignons, et émiettez par-dessus 250 g de saumon fumé. Fouettez 3 œufs avec 100 g de crème fraîche, du sel et du poivre et versez sur la tarte. Enfournez pour 25 mn à 200 °C. Servez avec 1 salade verte assaisonnée de 2 c. à s. d'huile d'olive, 1 c. à s. de vinaigre, du sel et du poivre.

ET AUSSI

103

MA LISTE de courses

LÉGUMES

300 g de champignons de Paris
1 petit potimarron
6 carottes
5 oignons, 1 gousse d'ail
1 boule de céleri-rave
1 branche de céleri
1 salade
60 g de raisins secs
½ citron

VIANDES ET POISSONS

1 kg de blanquette de veau
4 tranches de jambon blanc

CRÈMERIE

8 tranches de cheddar
60 g de gruyère râpé
1 œuf
40 g de beurre
9 c. à s. de crème fraîche épaisse

CONDIMENTS, HERBES ET ÉPICES

250 g de riz
250 g de tagliatelles
250 g de semoule
16 tranches de pain de mie
4 tranches de pain complet
1 petite boîte de pois chiches
1 boîte de tomates pelées au jus
2 cubes de bouillon de volaille
2 cubes de bouillon de légumes
20 cl de vin blanc sec
2 c. à s. de farine
½ bouquet de persil plat
Cumin, cannelle, paprika, curcuma
Piment, harissa, curry
Huile d'olive, sel, poivre

SEMAINE DU 7 AU 11 DÉCEMBRE 2020

JOURNÉE BATCH COOKING

1 h 30

2 h 45

Préparez les légumes :

- Lavez et coupez 300 g de champignons de Paris.
- Lavez, évidez et coupez 1 petit potimarron en gros cubes.
- Lavez et épluchez 6 carottes. Coupez-en 2 en gros cubes et 4 en rondelles.
- Pelez 5 oignons. Coupez-en 1 en rondelles et les 4 autres en gros morceaux.
- Lavez, épluchez et coupez en gros cubes 1 boule de céleri-rave.
- Lavez et détaillez 1 branche de céleri en bâtonnets de 4 cm.
- Lavez et essorez 1 salade. Conservez-la au réfrigérateur dans un récipient hermétique avec une feuille de papier essuie-tout.
- Épluchez et dégermez 1 gousse d'ail.
- Lavez, triez et hachez ½ bouquet de persil plat.

Préparez la blanquette :
Dans 20 g de beurre, faites revenir 1 kg de blanquette de veau en morceaux pendant 5 mn. Ajoutez 2 c. à s. de farine et poursuivez la cuisson 2 mn. Ajoutez 20 cl de vin blanc sec, 60 cl d'eau et 2 cubes de bouillon de volaille. Lorsque le bouillon commence à frémir, ajoutez l'oignon coupé en rondelles, les cubes de carottes et les champignons. Laissez cuire à feu doux pendant 1 h 30. La viande doit être tendre. Répartissez ⅔ et ⅓ de la préparation dans deux récipients. Laissez refroidir et conservez au réfrigérateur.

Préparez les légumes pour couscous :
Dans une grande cocotte, faites fondre 4 oignons en morceaux dans 2 c. à s. d'huile d'olive. Lorsqu'ils commencent à dorer, ajoutez les 4 carottes en rondelles, le céleri, le céleri-rave et le potimarron. Faites revenir encore quelques minutes. Ajoutez 1 c. à c. de cumin, 1 c. à c. de cannelle, 1 c. à c. de paprika, 1 c. à c. de curcuma et faites revenir encore 1 mn. Ajoutez 1 boîte de tomates pelées au jus, 2 cubes de bouillon de légumes, 1 pincée de piment, du sel et couvrez d'eau. Laissez frémir 30 mn à petits bouillons. Lorsque les légumes sont juste cuits, laissez refroidir complètement. Séparez en deux parties égales et entreposez au frais.

Préparez les croûtons :
Frottez 4 tranches de pain complet avec la gousse d'ail, puis coupez-les en cubes. Arrosez d'1 c. à s. d'huile d'olive et enfournez pour 20 mn à 180 °C (les croûtons doivent être dorés). Laissez refroidir et conservez dans un bocal à température ambiante.

Préparez la crème au jambon :
Mixez ensemble 4 tranches de jambon blanc coupées en lanières, 4 c. à s. de crème fraîche épaisse, le persil plat, du sel et du poivre. Placez dans un bol au frais.

LUNDI 7

Croque surprise

15 mn · 10 mn

Beurrez très légèrement 16 tranches de pain de mie. Placez-en 8 sur la plaque du four et couvrez-les d'1 tranche de cheddar, d'1 c. à s. de crème au jambon et d'1 c. à c. de gruyère râpé. Recouvrez de 8 tranches de pain (beurre à l'extérieur) et enfournez pour 10 mn à 180 °C. Servez avec 1 salade.

MARDI 8

Couscous veggie

5 mn · 10 mn

Réchauffez la moitié des légumes pour couscous dans leur bouillon 10 mn avec 1 petite boîte de pois chiches égouttés. Pendant ce temps, faites cuire 250 g de semoule selon les indications du paquet, avec 60 g de raisins secs. Servez le couscous veggie avec de l'harissa.

MERCREDI 9

Blanquette de veau

5 mn · 25 mn

Faites cuire 250 g de riz selon les indications du paquet. Réchauffez doucement ⅔ de la blanquette en ajoutant au besoin un peu d'eau. Après 15 mn, ajoutez 1 jaune d'œuf, le jus d'½ citron et 3 c. à s. de crème fraîche épaisse. Rectifiez l'assaisonnement et servez avec le riz.

JEUDI 10

Soupe de légumes express

5 mn · 10 mn

Mixez soigneusement le reste des légumes pour couscous avec leur bouillon. Faites réchauffer à feu doux en ajoutant au besoin un peu d'eau. Rectifiez l'assaisonnement et servez avec les croûtons à l'ail réchauffés 4 mn sous le gril du four.

VENDREDI 11

Frichti de veau au curry & pâtes

5 mn · 15 mn

Dans une poêle, versez ⅓ de la blanquette aux légumes. Réchauffez à feu doux et ajoutez 2 c. à s. de crème fraîche épaisse, avec 2 c. à c. de curry. Rectifiez l'assaisonnement et laissez mijoter le temps de cuire 250 g de tagliatelles selon les indications du paquet. Mélangez les pâtes et le veau avant de servir.

ET AUSSI

105

MA LISTE de courses

LÉGUMES

400 g de courge
300 g de pommes de terre
1 brocoli
2 carottes
3 oignons, 3 gousses d'ail
2 salades vertes
1,5 citron vert
1 avocat
2 cm de gingembre frais

VIANDES ET POISSONS

1,2 kg de lotte
600 g de bœuf haché
2 escalopes de poulet

CRÈMERIE

1 œuf
100 g d'emmental râpé
1 petit pot de crème fraîche épaisse
30 g de beurre

CONDIMENTS, HERBES ET ÉPICES

250 g de riz basmati
50 g de vermicelles de riz
250 g de haricots rouges en boîte
250 g de tomates pelées au jus en boîte
8 galettes de maïs
1 cube de bouillon de légumes
20 cl de lait de coco
3 c. à s. de chapelure
3 tiges de citronnelle
½ bouquet de persil
Chili en poudre, cumin en grains
Paprika fumé, sauce nuoc-mâm
Vinaigre de vin
Moutarde, huile d'olive
Sel, poivre

SEMAINE DU 14 AU 18 DÉCEMBRE 2020

JOURNÉE BATCH COOKING

1 h 15
1 h 40

Préparez les légumes :

- Lavez et coupez 400 g de courge en morceaux.
- Lavez, épluchez et coupez 300 g de pommes de terre en morceaux.
- Lavez et coupez 1 brocoli en fleurettes.
- Lavez, épluchez et coupez 2 carottes en rondelles.
- Épluchez 3 oignons et 3 gousses d'ail. Coupez-en 2 de chaque en morceaux et hachez les autres finement. Conservez la gousse d'ail hachée au frais dans une boîte hermétique.
- Lavez et essorez 2 salades vertes. Conservez-les au réfrigérateur dans un récipient hermétique avec une feuille de papier essuie-tout.
- Épluchez et taillez 2 cm de gingembre frais en rondelles fines.
- Lavez et coupez 3 tiges de citronnelle.
- Lavez, essorez et triez ½ bouquet de persil. Conservez-le au frais dans une boîte hermétique.

Préparez le chili con carne :
Dans une grande cocotte, faites suer les 2 oignons et les 2 gousses d'ail en morceaux dans 2 c. à s. d'huile d'olive. Ajoutez 600 g de bœuf haché et poursuivez la cuisson en remuant. Ajoutez 1 c. à s. de chili en poudre, 1 c. à c. de cumin en grains et 1 c. à c. de paprika fumé. Ajoutez 1 boîte de 250 g de haricots rouges égouttés et 1 boîte de 250 g de tomates pelées au jus. Détendez avec 1 verre d'eau, salez, poivrez et poursuivez la cuisson 30 mn. Laissez refroidir complètement avant de mettre au frais.

Préparez l'écrasé de courge :
Dans une poêle, faites revenir l'oignon haché dans 2 c. à s. d'huile d'olive. Ajoutez la courge en morceaux et faites dorer 2 mn. Baissez le feu et couvrez pendant 20 mn. La courge doit être tendre. Salez, poivrez et écrasez très grossièrement. Laissez refroidir et réservez au frais.

Préparez les pommes de terre :
Faites cuire les pommes de terre à la vapeur durant 20 mn. Laissez refroidir complètement et entreposez au frais.

Préparez la soupe thaïe :
Dans une casserole, portez 50 cl d'eau à ébullition et ajoutez 1 cube de bouillon de légumes. Ajoutez le gingembre et la citronnelle et laissez infuser 2 mn. Retirez le gingembre et la citronnelle avec une écumoire et ajoutez au bouillon les fleurettes de brocoli, les carottes et 2 escalopes de poulet taillées en lanières. Laissez frémir 10 mn. Laissez refroidir complètement et placez au frais.

Préparez une vinaigrette :
Émulsionnez 6 c. à s. d'huile d'olive avec 1 c. à s. de vinaigre de vin, 1 c. à c. de moutarde, du sel et du poivre. Gardez dans un bocal au frais.

LUNDI 14

Chili con carne

5 mn · 15 mn

Réchauffez doucement ⅔ du chili con carne pendant 15 mn. Pendant ce temps, faites cuire 250 g de riz basmati selon les indications du paquet. Rectifiez l'assaisonnement et servez le chili con carne très chaud.

MARDI 15

Soupe thaïe au poulet

5 mn · 15 mn

Mettez la soupe thaïe sur le feu et réchauffez sans faire bouillir. Ajoutez 20 cl de lait de coco, le jus d'1 citron vert, 1 c. à s. de nuoc-mâm. Lorsque la soupe est bien chaude, rectifiez l'assaisonnement. Ajoutez 50 g de vermicelles de riz et poursuivez la cuisson encore 5 mn.

MERCREDI 16

Lotte & écrasé de courge

10 mn · 20 mn

Réchauffez sur feu doux l'écrasé de courge à la casserole, avec un fond d'eau. Coupez 1,2 kg de lotte en morceaux et faites sauter dans 30 g de beurre pendant 5 mn. Ajoutez la gousse d'ail hachée et le persil haché et laissez cuire encore 7 mn. Gardez environ ⅓ de la lotte et de la courge au frais. Salez, poivrez et servez chaud.

JEUDI 17

Fajitas à composer soi-même

15 mn · 15 mn

Réchauffez le chili restant, ainsi que 8 galettes de maïs à la poêle. Écrasez 1 avocat avec le jus d'½ citron vert, 1 c. à c. de chili en poudre, du sel et du poivre. Disposez sur la table : le chili chaud, les galettes, le guacamole, 1 petit pot de crème fraîche épaisse, 100 g d'emmental râpé et 1 salade verte.

VENDREDI 18

Croquettes de lotte

15 mn · 20 mn

Écrasez les restes de lotte et de courge avec les pommes de terre cuites. Formez des boulettes. Passez-les dans 1 œuf battu, puis dans un bol de 3 c. à s. de chapelure et renouvelez l'opération. Faites dorer les boulettes à la poêle 10 mn de chaque côté. Servez-les dorées avec 1 salade verte assaisonnée de vinaigrette.

ET AUSSI

MA LISTE de courses

LÉGUMES

6 poireaux
3 carottes
2 branches de céleri
1 beau chou rouge
3 oignons, 1 gousse d'ail
1 salade verte
3 pommes acidulées
50 g de raisins de Corinthe
6 noix

VIANDES ET POISSONS

150 g de poitrine fumée
4 boudins noirs cuits
600 g de filets de daurade

CRÈMERIE

4 œufs
1 pâte brisée
120 g d'emmental râpé
100 g de comté
60 g de parmesan râpé
10 c. à s. de crème fraîche épaisse
40 g de beurre

CONDIMENTS, HERBES ET ÉPICES

1 petite boîte de haricots blancs
1 boîte de tomates concassées
120 g de châtaignes cuites (sous vide)
50 g de pâtes vermicelles
2 cubes de bouillon de volaille
1 cube de bouillon de légumes
20 cl de vin blanc sec
Curry
Moutarde de Dijon
Huile d'olive, huile de noix
Vinaigre de cidre
Sel, poivre

SEMAINE DU 21 AU 25 DÉCEMBRE 2020

JOURNÉE BATCH COOKING

1 h
2 h

Préparez les légumes :
- Lavez et coupez 6 poireaux en rondelles. Séparez le vert et le blanc de 2 d'entre eux.
- Lavez, épluchez et coupez 3 carottes en rondelles.
- Lavez et coupez 2 branches de céleri en tronçons.
- Lavez et coupez 1 beau chou rouge en 4 portions égales. Coupez ¼ en lamelles très fines et ½ en lamelles moyennes.
- Épluchez et coupez 3 oignons en tranches.
- Épluchez et hachez 1 gousse d'ail.
- Lavez et essorez 1 salade verte. Conservez-la au réfrigérateur dans un récipient hermétique avec une feuille de papier essuie-tout.
- Épluchez et coupez 2 pommes acidulées en quartiers.

Préparez le minestrone :
Faites revenir dans une cocotte 1 oignon, 1 gousse d'ail, 1 branche de céleri et 150 g de poitrine fumée dans 2 c. à s. d'huile d'olive pendant 5 mn. Ajoutez le vert de 2 poireaux, 2 carottes coupées en rondelles et faites revenir encore 2 mn. Couvrez d'1 l d'eau, d'1 boîte de tomates concassées et de 2 cubes de bouillon de volaille, puis laissez frémir 45 mn. Ajoutez en fin de cuisson 1 petite boîte de haricots blancs égouttés, rectifiez l'assaisonnement et laissez refroidir.

Préparez la quiche aux poireaux :
Dans un moule à tarte, disposez 1 pâte brisée et piquez-en le fond. Faites fondre 4 poireaux dans 20 g de beurre à la poêle sur feu doux pendant 10 mn. Pendant ce temps, préparez l'appareil à quiche en fouettant 4 œufs avec 4 c. à s. de crème fraîche épaisse, 120 g d'emmental râpé, 2 c. à c. de moutarde de Dijon, du sel et du poivre. Ajoutez les poireaux fondus et versez sur la pâte. Enfournez pour 25 mn à 200 °C.

Préparez le chou aux pommes :
Dans une cocotte, faites suer le demi-chou rouge coupé en lanières avec 2 oignons et les 2 pommes coupées en quartiers dans 2 c. à s. d'huile d'olive. Ajoutez 1 cube de bouillon de légumes dilué dans 20 cl d'eau. Couvrez et laissez mijoter 15 mn. Rectifiez l'assaisonnement et réservez au frais.

Préparez les légumes pour les cassolettes :
Dans une poêle, faites revenir le blanc des 2 poireaux, les rondelles de carotte restantes et 1 branche de céleri dans 1 c. à s. d'huile d'olive pendant 10 mn. Déglacez avec 20 cl de vin blanc sec. Salez, poivrez et réservez au frais.

Préparez la salade de chou rouge :
Dans un saladier, placez le quart de chou rouge finement émincé, 120 g de châtaignes cuites (sous vide), 50 g de raisins de Corinthe, 100 g de comté coupé en cubes et les cerneaux grossièrement hachés de 6 noix. Couvrez et gardez au frais.

LUNDI 21

Cassolettes de poisson au curry

10 mn · 30 mn

Dans un saladier, placez le mélange de légumes au vin blanc, 600 g de filets de daurade coupés en morceaux, 6 c. à s. de crème fraîche épaisse, 2 c. à c. de curry, du sel et du poivre. Placez dans 4 cassolettes et enfournez pour 30 mn à 180 °C. Servez bien chaud.

MARDI 22

Soupe minestrone

5 mn · 15 mn

Versez 50 g de pâtes vermicelles dans la soupe minestrone. Réchauffez-la jusqu'à frémissement. Goûtez, rectifiez l'assaisonnement et comptez encore 5 mn avant de servir avec 60 g de parmesan râpé.

MERCREDI 23

Quiche aux poireaux

5 mn · 10 mn

Faites tiédir la quiche au four pendant 10 mn à 180 °C. Pendant ce temps, préparez une vinaigrette faite de 2 c. à s. d'huile d'olive, 1 c. à s. de vinaigre de cidre, 1 c. à c. de moutarde, de sel et de poivre. Servez la quiche accompagnée de la salade verte.

JEUDI 24

Salade de chou rouge

10 mn

Épluchez et coupez la pomme restante en dés. Ajoutez-la à la salade de chou rouge. Préparez une vinaigrette avec 3 c. à s. d'huile de noix, 2 c. à s. de vinaigre de cidre, 1 c. à c. de moutarde, du sel et du poivre. Mélangez et servez.

VENDREDI 25

Noël

Chou rouge & boudins noirs

5 mn · 10 mn

Réchauffez à la poêle le chou rouge aux pommes et rectifiez l'assaisonnement. Pendant ce temps, faites pocher 4 boudins noirs cuits pendant 1 mn dans une casserole d'eau bouillante. Égouttez-les, puis faites-les revenir 5 mn sur feu vif dans 20 g de beurre. Servez avec le chou.

ET AUSSI

109

MA LISTE de courses

LÉGUMES

600 g de champignons de Paris
2 petites courges spaghettis
2 carottes
2 poireaux
3 oignons
4 gousses d'ail
1 salade verte
2 cm de gingembre frais
50 g de noisettes sèches
½ citron

VIANDES ET POISSONS

1 poulet rôti de 2,5 kg
4 pavés de saumon frais

CRÈMERIE

2 pâtes feuilletées
250 g de tofu ferme
60 g de parmesan râpé
20 cl de crème liquide

CONDIMENTS, HERBES ET ÉPICES

250 g de tortellinis
250 g de riz complet
2 sachets de nouilles instantanées nature
2 cubes de bouillon de légumes
30 cl de crème de coco
2 c. à s. de sauce soja
1 c. à s. de miel
2 c. à s. de pâte de curry rouge
Moutarde
Vinaigre de vin
Huile d'olive
Sel, poivre

JOURNÉE BATCH COOKING

1 h 10

1 h

Préparez les légumes :
- Nettoyez et émincez 600 g de champignons de Paris. Placez la moitié au frais.
- Lavez 2 petites courges spaghettis.
- Épluchez et taillez 2 carottes en cubes.
- Épluchez et taillez 2 poireaux en rondelles.
- Épluchez 3 oignons. Coupez-en 2 en morceaux et hachez finement le dernier.
- Épluchez et pressez 4 gousses d'ail.
- Lavez et essorez 1 salade verte. Conservez-la au réfrigérateur dans un récipient hermétique avec une feuille de papier essuie-tout.
- Épluchez et hachez 2 cm de gingembre frais.

Préparez le poulet :
Dans un bol, mélangez 3 gousses d'ail pressées avec 4 c. à s. d'huile d'olive, 4 c. à s. de moutarde, le jus d'½ citron, du sel et du poivre. Badigeonnez de ce mélange les morceaux d'1 poulet rôti de 2,5 kg. Placez dans un plat allant au four avec les carottes, les poireaux et 2 oignons en morceaux. Couvrez et placez au frais.

Préparez le saumon :
Coupez 4 pavés de saumon en cubes. Dans un bol, mélangez 1 gousse d'ail pressée, 2 c. à s. d'huile d'olive, 2 c. à s. de sauce soja et 1 c. à s. de miel. Versez cette sauce dans un sachet hermétique, ajoutez le saumon, refermez le sachet, secouez bien et placez au frais.

Préparez les courges :
Dans une grande marmite, couvrez d'eau salée les 2 courges entières et portez à ébullition pendant 30 à 40 mn. La pointe d'un couteau doit s'enfoncer facilement dans la chair. Ensuite, laissez refroidir, puis coupez en deux et épépinez. Effilochez la chair avec une fourchette pour former des « spaghettis ». Laissez refroidir complètement et placez au frais.

Préparez la soupe de champignons :
Dans une grande casserole, placez 2 c. à s. d'huile d'olive et faites revenir 1 oignon haché finement. Ajoutez le gingembre frais haché, 2 c. à s. de pâte de curry rouge et 300 g de champignons de Paris. Faites revenir quelques minutes et ajoutez 1 l d'eau et 2 cubes de bouillon de légumes. Faites frémir 10 mn, rectifiez l'assaisonnement et laissez refroidir complètement avant de mettre au frais.

Préparez la vinaigrette :
Mélangez 3 c. à s. d'huile d'olive, 1 c. à s. de vinaigre de vin, 1 c. à c. de moutarde, du sel et du poivre. Gardez dans un bocal au frais.

LUNDI 28

Poulet au four & tortellinis

5 mn · 30 mn

Sortez le poulet mariné du réfrigérateur, ajoutez 1 verre d'eau et placez au four pour 30 mn à 180 °C. Retournez de temps en temps les morceaux pour une cuisson homogène. Placez au frais environ ⅓ du poulet refroidi. Pendant ce temps, faites cuire 250 g de tortellinis selon les indications du paquet. Servez bien chaud.

MARDI 29

Soupe de champignons

5 mn · 15 mn

Faites réchauffer doucement la soupe de champignons pendant 5 mn. Ajoutez 30 cl de crème de coco, 250 g de tofu ferme coupé en cubes et 2 sachets de nouilles instantanées nature. Laissez cuire le temps indiqué et servez immédiatement.

MERCREDI 30

Spaghettis de courges au saumon

5 mn · 15 mn

Dans une poêle, versez 1 c. à s. d'huile d'olive et faites sauter les cubes de saumon mariné pendant 5 mn. Ajoutez les spaghettis de courge et faites sauter à feu vif pendant 10 mn. Placez au frais environ ⅓ du mélange. Salez, poivrez et servez avec 60 g de parmesan râpé.

JEUDI 31

Tourte aux champignons et au poulet

15 mn · 35 mn

Disposez 1 pâte feuilletée dans un plat à tarte. Coupez les restes de poulet en cubes. Faites revenir 5 mn avec 300 g de champignons dans 1 c. à s. d'huile d'olive. Versez sur la pâte avec 20 cl de crème liquide, du sel et du poivre. Recouvrez d'1 disque de pâte feuilletée et enfournez pour 30 mn à 180 °C. Servez avec la salade verte arrosée de vinaigrette.

VENDREDI 1

Jour de l'An

Riz aux restes de courges et aux noisettes

5 mn · 20 mn

Faites cuire 250 g de riz complet selon les indications du paquet. Faites sauter les restes de courges au saumon. Dans une autre poêle, faites griller à sec 50 g de noisettes sèches hachées. Une fois le riz cuit, ajoutez-le aux restes de courges au saumon, avec les noisettes grillées. Servez bien chaud.

ET AUSSI

BONUS

CALENDRIER des fruits et légumes

	Abricot	Cerise	Fraise	Framboise	Melon	Nectarine	Pêche	Poire	Pomme	Prune	Raisin	Ail	Artichaut	Asperge
JANVIER								★	★					
FÉVRIER									★					
MARS									★					
AVRIL									★			★		★
MAI			★									★		★
JUIN		★	★	★	★	★	★					★	★	★
JUILLET	★	★	★	★	★	★	★			★		★	★	
AOÛT	★	★	★	★	★	★	★	★		★		★	★	
SEPTEMBRE				★		★	★	★		★	★		★	
OCTOBRE								★	★	★	★			
NOVEMBRE								★	★					
DÉCEMBRE								★	★					

			★	★	★	★	★					Aubergine
★	★	★	★	★	★	★	★	★	★	★	★	Carotte
★	★	★	★	★	★	★	★	★	★	★	★	Chou
		★	★	★	★	★	★					Chou-fleur
			★	★	★	★	★					Concombre
★	★	★	★	★							★	Courge
			★	★	★	★						Courgette
			★	★	★	★						Haricot vert
★	★									★	★	Mâche
			★	★	★	★						Navet
★	★	★	★	★	★	★	★	★	★	★	★	Oignon
					★	★						Petit pois
		★	★	★	★							Poireau
		★	★	★	★	★						Poivron
★	★	★	★	★	★	★	★			★	★	Pomme de terre
		★	★	★	★							Potiron
					★	★	★	★				Radis
★	★	★	★	★	★	★	★	★	★	★	★	Salade
			★	★	★	★	★					Tomate

RECETTES d'entrées

Salade grecque

Ingrédients (4 personnes) :

- 1 petit concombre
- 250 g de tomates cerises
- 100 g de feta ou de mozzarella
- 10 olives noires dénoyautées
- Herbes surgelées : menthe, basilic
- Poivre
- Huile d'olive
- Vinaigre balsamique

Préparation :

Pelez, épépinez et coupez le concombre en petits dés d'1 cm. Lavez les tomates et coupez-les en deux. Émincez finement les olives. Mélangez le concombre, les tomates et les olives dans un saladier. Ajoutez la feta ou la mozzarella coupée en cubes, les herbes et du poivre. Assaisonnez avec 1 filet d'huile d'olive et de vinaigre balsamique. Servez frais.

Crudités au thon

Ingrédients (4 à 6 personnes) :

- Légumes crus au choix (bâtons de carottes, de concombre, de champignons de Paris, de chou-fleur…)
- 2 boîtes de thon au naturel (140 g)
- 150 g de St Môret
- ½ citron
- Herbes : persil, aneth ou ciboulette
- 1 c. à c. d'huile d'olive
- 1 échalote (facultatif)
- 1 c. à s. de câpres (facultatif)
- Sel, poivre

Préparation :

Égouttez et émiettez le thon avec une fourchette. Ajoutez le fromage et le jus de citron, puis mélangez le tout. Salez, poivrez et ajoutez l'huile d'olive, l'échalote émincée, les câpres et les herbes. Mélangez à nouveau. Disposez la préparation dans un bol et trempez-y les crudités.

Velouté aux petits pois et à la menthe

Ingrédients (4 personnes) :

- 1 oignon
- 500 g de petits pois (frais ou surgelés)
- 1 cube de bouillon de légumes
- 1 noix de beurre
- 150 g de crème fraîche
- 1 pincée de sucre
- Feuilles de menthe
- Sel, poivre

Préparation :

Faites fondre l'oignon émincé dans une casserole avec le beurre, à feu doux. Après 5 mn, ajoutez les petits pois et mélangez. Faites bouillir 50 cl d'eau dans une autre casserole et faites-y fondre le cube de bouillon. Ajoutez le bouillon aux petits pois et laissez cuire 10 à 15 mn à feu moyen. Mixez le tout avec la menthe. Ajoutez la crème fraîche, le sucre, du sel et du poivre. Servez chaud ou glacé.

Tomates surprises

Ingrédients (4 personnes) :
- 4 grosses tomates
- 1 petite boîte de macédoine
- 1 petite boîte de maïs
- Mayonnaise
- Persil ou ciboulette
- Sel, poivre

Préparation :
Lavez les tomates. Coupez le haut de chaque tomate pour en faire un chapeau, et enlevez la pulpe.
Mélangez la macédoine et le maïs. Assaisonnez avec la mayonnaise, les herbes, du sel et du poivre, puis remplissez les tomates de ce mélange. Remettez les chapeaux et servez.

Timbale provençale

Ingrédients (4 personnes) :
- 1 petit bocal de ratatouille
- 120 g de chèvre frais
- 10 cl de crème liquide
- 2 c. à s. d'huile d'olive
- 1 c. à c. de moutarde
- 4 à 6 biscuits apéritifs (Tuc ou gressins)
- Sel, poivre

Préparation :
Travaillez le fromage à la fourchette dans un saladier. Ajoutez progressivement la crème tiède et mélangez. Ajoutez la moutarde et l'huile d'olive. Salez et poivrez à votre convenance. Déposez 1 à 2 c. à s. de ratatouille au fond d'un verre, puis la crème de chèvre et les biscuits grossièrement émiettés.

Salade folle

Ingrédients (4 à 6 personnes) :
- 3 carottes
- 2 petites betteraves cuites (sous vide)
- 1 pomme
- 1 poignée de raisins secs
- 100 g de fromage (comté ou gruyère)
- Herbes : ciboulette ou persil

Pour la sauce :
- 3 c. à s. d'huile d'olive
- Le jus d'1 orange
- 2 c. à s. de vinaigre de Xérès
- Sel, poivre

Préparation :
Lavez, pelez et râpez les carottes. Pelez et coupez la pomme en petits dés. Mélangez les carottes, les betteraves coupées en dés et la pomme. Ajoutez les raisins secs et le fromage coupé en morceaux. Assaisonnez avec la sauce vinaigrette et parsemez d'herbes.

Salade de champignons

Ingrédients (4 personnes) :
- 200 g de champignons de Paris
- 1 salade feuille de chêne
- 2 échalotes
- 50 g de noix hachées
- 2 c. à s. de persil haché
- 1 c. à s. d'huile de noix
- Vinaigrette

Préparation :
Nettoyez la salade. Émincez les champignons nettoyés et les échalotes. Faites-les revenir 2 mn dans l'huile de noix. Assaisonnez avec de la vinaigrette et ajoutez les noix et le persil. Déposez un peu de salade dans chaque assiette et servez les champignons par-dessus.

Rillettes aux deux saumons

Ingrédients (4 personnes) :

- 200 g de saumon frais
- 200 g de saumon fumé
- 150 g de St Môret
- 1 pain tranché
- 1 citron
- 2 c. à s. de ciboulette
- 2 c. à s. d'huile d'olive
- Poivre

Préparation :

Faites cuire le saumon frais 5 mn au micro-ondes et laissez-le refroidir. Coupez le saumon fumé en morceaux. Mixez les deux saumons, le St Môret, le jus du citron, l'huile d'olive et la ciboulette. Ajoutez un peu de poivre. Servez sur des tranches de pain toastées.

Soupe de lentilles à l'indienne

Ingrédients (4 personnes) :

- 400 g de lentilles corail
- 400 g de tomates pelées en boîte
- 2 grosses pommes de terre
- 1 oignon
- 40 cl de lait de coco
- 4 c. à s. de curry
- 1 bouquet de coriandre fraîche
- Huile d'olive
- Sel, poivre

Préparation :

Faites revenir l'oignon émincé dans une cocotte avec un filet d'huile d'olive. Épluchez et coupez les pommes de terre. Mettez tous les ingrédients (sauf les épices) dans la cocotte. Salez, ajoutez le curry et 1 c. à c. de poivre. Laissez cuire au moins 50 mn.

Salade de haricots verts

Ingrédients (6 personnes) :

- 500 g de haricots verts
- 3 grosses tomates
- 1 bouquet de coriandre
- 1 c. à c. de graines de coriandre
- 1 c. à s. de vinaigre
- 3 c. à s. d'huile
- Sel, poivre

Préparation :

Équeutez les haricots verts, faites-les cuire 10 mn dans de l'eau salée puis réservez. Coupez les tomates puis concassez grossièrement les graines de coriandre. Mélangez l'huile et le vinaigre avec les graines de coriandre. Salez et poivrez. Ajoutez les tomates et les haricots dans un saladier, versez la vinaigrette et mélangez. Avant de servir, ajoutez des feuilles de coriandre.

RECETTES de desserts

Fondue de fruits au chocolat

Ingrédients (4 personnes) :
- 100 g de chocolat noir
- 10 cl de crème liquide ou de lait
- 1 noix de beurre
- Épices au choix : cannelle, muscade
- Fruits frais : fraises, mandarines, ananas, bananes, poires, etc.

Préparation :
Faites fondre le chocolat 5 mn au micro-ondes ou 10 mn au bain-marie. Incorporez doucement la crème liquide ou le lait, puis ajoutez le beurre et les épices. Lavez, épluchez et coupez les fruits en morceaux. Plantez les fruits sur des piques et trempez-les dans le chocolat chaud. Servez immédiatement.

Bananes antillaises

Ingrédients (4 personnes) :
- 4 bananes
- 30 g de sucre roux
- 2 sachets de sucre vanillé
- 1 noix de beurre
- Quelques gouttes de jus de citron
- 10 cl de jus d'orange
- Glace à la vanille

Préparation :
Versez les sucres roux et vanillé dans une poêle, ajoutez le beurre et le jus de citron. Faites chauffer jusqu'à ce que le sucre fonde et colore légèrement. Ajoutez les bananes coupées en deux. Laissez cuire 1 à 2 mn, puis retournez. Versez le jus d'orange. Laissez encore 1 mn sur le feu. Servez chaud avec une boule de glace à la vanille.

Crème de citrons aux framboises & meringues

Ingrédients (4 personnes) :
- 3 citrons non traités
- 150 g de framboises
- 100 g de sucre
- 2 œufs
- 1 c. à s. de Maïzena
- 2 c. à s. de confiture de framboises
- 4 à 6 petites meringues

Préparation :
Lavez et pressez les citrons. Versez le jus dans une casserole, ajoutez le sucre et la Maïzena, remuez et chauffez à feu doux. Dans un saladier, battez vigoureusement les œufs, puis versez-les dans la casserole en fouettant. Augmentez le feu, toujours en remuant. Le mélange va commencer à s'épaissir. Retirez du feu et laissez refroidir. Versez dans des verrines, ajoutez une couche de confiture, une couche de framboises et saupoudrez de morceaux de meringues.

Compote de pommes et de poires au caramel

Ingrédients (4 personnes) :
- 3 pommes Golden
- 3 poires
- 80 g de cassonade
- 30 g de beurre
- 4 c. à s. de caramel au beurre salé
- 10 spéculoos

Préparation :
Épluchez et coupez les pommes et les poires en dés. Faites fondre la cassonade et le beurre dans une casserole, ajoutez les fruits, couvrez et laissez cuire 10 à 15 mn à feu doux, en remuant de temps en temps. Laissez la compote tiédir, puis versez dans des ramequins individuels. Ajoutez une cuillère de caramel et saupoudrez de spéculoos grossièrement émiettés.

Financiers aux amandes et coulis d'abricot

Ingrédients (4 personnes) :
- 125 g d'amandes en poudre
- 125 g de sucre glace
- 20 g de farine
- 70 g de beurre fondu
- 3 œufs
- Coulis d'abricot

Préparation :
Préchauffez le four à 180 °C. Dans un saladier, mélangez la poudre d'amandes avec le sucre glace, puis ajoutez les œufs un à un en mélangeant toujours. Versez le beurre fondu et la farine tamisée, et mélangez à nouveau. Répartissez la pâte dans des moules à financiers. Faites cuire 10 à 12 mn en surveillant la cuisson. Démoulez, laissez refroidir 1 h à température ambiante et servez avec un coulis d'abricot.

Clafoutis aux cerises

Ingrédients (4 à 6 personnes) :
- 750 g de cerises
- 150 g de sucre
- 100 g de farine
- 50 g de beurre
- 4 œufs
- 40 cl de lait
- 1 sachet de sucre vanillé
- 1 pincée de sel

Préparation :
Faites fondre le beurre à feu doux. Tamisez la farine et le sel dans un saladier. Faites un puits au centre et cassez-y les œufs. Ajoutez le beurre fondu, 125 g de sucre et fouettez en délayant peu à peu avec le lait. Disposez les cerises dans le fond d'un moule beurré et versez la préparation dessus. Faites cuire 30 mn à 180 °C, saupoudrez le clafoutis avec le reste du sucre et enfournez à nouveau pour 15 mn. Hors du four, saupoudrez le clafoutis de sucre vanillé.

Gâteau roulé

Ingrédients (10 personnes) :
- 150 g de sucre
- 125 g de farine
- 4 œufs entiers
- 1 sachet de sucre vanillé
- 1 sachet de levure chimique
- 1 pincée de sel
- Confiture ou pâte à tartiner

Préparation :
Mélangez ensemble les œufs, le sucre, le sucre vanillé et le sel jusqu'à ce que le mélange blanchisse. Ajoutez la farine et la levure. Étalez la pâte obtenue sur une plaque recouverte de papier sulfurisé. Faites cuire 15 mn dans un four préchauffé à 180 °C. Répartissez sur cette génoise de la confiture ou de la pâte à tartiner en fine couche, puis roulez-la.

Cake zébré

Ingrédients (4 personnes) :

- 300 g de farine
- 200 g de sucre
- 4 œufs
- 15 cl de lait
- 15 cl d'huile
- 2 c. à c. de cacao
- 1 c. à c. de levure
- 1 pincée de sel
- Extrait de vanille

Préparation :

Fouettez ensemble le sucre, les œufs et un peu d'extrait de vanille. Ajoutez l'huile, le lait et mélangez. Continuez avec la levure, le sel et la farine. Divisez la pâte en deux. Dans l'une des deux, ajoutez le cacao, 2 c. à s. d'eau et mélangez. Dans un moule à cake chemisé, déposez au centre 3 c. à s. de pâte au cacao, puis, au milieu de ce cercle, 1 c. à s. de pâte nature, puis 1 de pâte au cacao, et continuez en alternant les deux pâtes de la même manière. Faites cuire 35 mn à 180 °C.

Fromage blanc aux marrons

Ingrédients (4 personnes) :

- 500 g de fromage blanc
- 100 g de crème de marrons
- 1 poignée de noix, noisettes ou amandes effilées
- Crème chantilly
- 4 c. à c. de cacao en poudre

Préparation :

Mélangez le fromage blanc avec la crème de marrons et ajoutez les noix. Répartissez le mélange dans des verrines, ajoutez la crème chantilly et parsemez de cacao en poudre.

Salade de fruits aux épices

Ingrédients (6 personnes) :

- Fraises ou fruits de saison
- 1 orange
- 1 pomme
- 1 kiwi
- 1 mangue
- 4 étoiles de badiane
- 2 gousses de vanille fendues en deux
- 2 bâtons de cannelle
- 300 g de sucre de canne
- Le jus et le zeste d'1 orange
- Le jus et le zeste d'½ citron

Préparation :

Portez à ébullition 40 cl d'eau avec le sucre de canne. Ajoutez toutes les épices, les jus et les zestes des agrumes et laissez frémir 10 mn.
Pendant ce temps, pelez et découpez les fruits. Laissez tiédir le sirop et versez-le sur les fruits. Mettez au frais pendant 1 h avant de servir.

ASSOCIATIONS SYMPA

AGNEAU : ail, aneth, cari, menthe, origan, romarin

BŒUF : ail, basilic, cari, cumin, gingembre, laurier, marjolaine, origan, piment de la Jamaïque, thym

AUBERGINES : ail, basilic, marjolaine, origan, sauge, thym

CAROTTES : cumin, estragon, gingembre, graines de carvi, muscade

CHÈVRE : miel

COURGES : ail, aneth, basilic, coriandre, estragon, gingembre, origan, romarin

ÉPINARDS : ail, basilic, estragon, muscade

POISSON : aneth, coriandre, estragon, laurier, muscade, sauge, thym

POMMES DE TERRE : ail, aneth, cari, ciboulette, coriandre, estragon, graines de carvi, laurier, menthe, origan, thym

RIZ : ail, cari, ciboulette, cumin, estragon, sauge

TOMATES : ail, aneth, basilic, coriandre, estragon, origan, romarin, sauge, thym

VEAU : ail, aneth, coriandre, laurier, origan, romarin, sauge, thym

VOLAILLE : ail, basilic, carvi, coriandre, estragon, gingembre, laurier, origan, romarin, sauge, thym

INDEX

Pizza minute au poulet et à la mozzarella 01/05/2020
Poêlée de choux de Bruxelles 19/11/2020
Poivrons farcis 12/06/2020
Poivrons sautés & pavés de colin 25/06/2020
Pot-au-feu express 29/09/2020
Potée au chou frisé 19/10/2020
Potimarron au thon & salade 13/01/2020
Potimarron farci au porc 29/10/2020
Poule au pot 25/11/2020
Poulet au four & tortellinis 28/12/2020
Poulet aux champignons & riz 14/01/2020
Poulet rôti tout simple 23/03/2020
Poulet sauté aux asperges & riz 12/03/2020
Purée de carottes & rôti 27/02/2020
Purée de panais & aiguillettes de poulet 30/11/2020
Purée de topinambours & côtes de porc 28/09/2020
Quiche aux choux de Bruxelles & salade 19/02/2020
Quiche aux endives et au roquefort 30/01/2020
Quiche aux fenouils et aux lardons 16/10/2020
Quiche aux poireaux 23/12/2020
Risotto de céleri & bacon 02/04/2020
Risotto de céleri-rave & crevettes sautées 12/02/2020
Riz aux restes de courges et aux noisettes 01/01/2021
Rôti de bœuf, pommes de terre & haricots verts 10/08/2020
Rôti de porc & pommes de terre 25/02/2020
Rôti de porc à la moutarde et au miel 27/10/2020
Salade asiatique 04/09/2020
Salade César 20/01/2020
Salade composée 04/06/2020
Salade composée de printemps 27/04/2020
Salade d'endives au bleu 20/02/2020
Salade d'été & magrets de canard fumés 20/07/2020
Salade d'hiver 11/02/2020
Salade de carottes aux crevettes 10/09/2020
Salade de carottes, de quinoa et de lentilles 16/06/2020
Salade de céleri-rave 03/03/2020
Salade de chèvre chaud au miel 13/03/2020
Salade de chou rouge 24/12/2020
Salade de haricots verts à la menthe et à la feta 06/10/2020
Salade de lentilles 09/07/2020
Salade de lentilles à l'orange 07/01/2020
Salade de lentilles et de feta à l'orange 19/03/2020
Salade de melons, de mozzarella et de jambon de Parme 20/08/2020
Salade de pommes de terre 19/05/2020
Salade de pommes de terre au jambon fumé & œufs pochés 15/04/2020
Salade de pommes de terre au saumon 07/05/2020
Salade de riz 02/07/2020
Salade de riz composée 13/05/2020
Salade frisée aux lardons 14/02/2020
Salade grecque 07/08/2020
Salade mexicaine 26/08/2020
Salade niçoise 13/07/2020
Salade piémontaise 27/07/2020
Salade terre et mer 24/09/2020
Sardines au four & pommes de terre 08/06/2020
Sardines grillées & tomates 17/08/2020
Saucisses façon rougail & riz 14/05/2020
Saumon tandoori & riz 29/06/2020
Sauté de poulet au riz 24/07/2020
Soupe à l'oignon gratinée 24/02/2020
Soupe au chou 22/10/2020
Soupe d'épinards 17/03/2020
Soupe de betteraves 11/03/2020
Soupe de brocoli au bleu 07/02/2020
Soupe de carottes au curry et au curcuma 30/09/2020
Soupe de céleri-rave & tuiles de parmesan 10/02/2020
Soupe de céleri-rave et de navets 04/03/2020
Soupe de champignons 29/12/2020

NOTES